철학자 들뢰즈,
화가 베이컨을 말하다

들뢰즈의 회화 존재론
철학자 들뢰즈,
화가 베이컨을 말하다

지은이 / 박정태
펴낸이 / 강동권
펴낸곳 / (주)이학사

1판 1쇄 발행 / 2012년 5월 22일
1판 3쇄 발행 / 2020년 7월 25일

등록 / 1996년 2월 2일 (신고번호 제1996 - 000015호)
주소 / 서울시 종로구 율곡로13가길 19-5(연건동 304) 우 03081
전화 / 02-720-4572 · 팩스 / 02-720-4573
홈페이지 / ehaksa.kr
이메일 / ehaksa1996@gmail.com
페이스북 / facebook.com/ehaksa · 트위터 / twitter.com/ehaksa

ⓒ 박정태, 2012, Printed in Seoul, Korea.
ISBN 978-89-6147-163-3 93100

ⓒ The Estate of Francis Bacon. All rights reserved. DACS 2012
이 서적 내에 사용된 일부 작품은 SACK를 통해 DACS와 저작권 계약을 맺은 것입니다.
저작권법에 의하여 한국 내에서 보호를 받는 저작물이므로 무단 전재 및 복제를 금합니다.

이 책의 저작권은 저자가 가지고 있습니다.
저작권법에 의해 보호를 받는 저작물이므로 이 책 내용의 일부 또는 전부를
재사용하려면 저작권자와 (주)이학사 양측의 동의를 얻어야 합니다.

* 책값은 뒤표지에 표시되어 있습니다.

이 도서의 국립중앙도서관 출판시도서목록(CIP)은 e-CIP 홈페이지(http://www.nl.go.kr/ecip)
와 국가자료공동목록시스템(http://www.nl.go.kr/kolisnet)에서 이용하실 수 있습니다.
(CIP제어번호: CIP2012002321)

들뢰즈의 회화 존재론

철학자 들뢰즈, 화가 베이컨을 말하다

박정태 지음

이학사

일러두기

1. 본문의 고딕체는 지은이의 강조이고, 들뢰즈의 『감각의 논리Francis Bacon - Logique de la sensation』(la Différence, 1981) 인용문의 고딕체는 원서의 이탤릭체이다.
2. 이 책에서 주요하게 다루는 베이컨의 그림들은 책 말미의 「부록: 베이컨의 그림」에 싣고 번호를 붙였으며, 본문에 각 그림 관련 내용이 나오면 해당 그림 번호를 괄호 안에 넣었다.
3. 부호의 쓰임은 다음과 같다.
    『 』: 도서 제목
    「 」: 논문, 장 제목
    〈 〉: 그림, 영화 제목
    ( ): 본문에서는 지은이의 부연 설명, 인용문에서는 들뢰즈의 부연 설명
    [ ]: 인용문에서 지은이의 부연 설명
    [……]: 인용문에서 지은이의 중략

머리말

몇 년 전에 홍익대학교 대학원과 서울대학교 대학원에서 들뢰즈의 『감각의 논리』를 텍스트로 강의를 한 적이 있다. 한 학기에 강의를 다 마치지 못해 다음 학기까지 연장하여 가까스로 텍스트를 다 읽을 수 있었다. 이 책은 바로 그때의 강의에서 시작된다. 강의 중간에 학생들과 나눈 이런저런 이야기, 학생들의 과제물을 통해 알게 된, 들뢰즈와 베이컨에 대한 학생들의 지극히 사적인 느낌부터 학문적인 생각까지, 모두가 다 이 책을 쓰게 된 기본 토양이 되었다.

강의를 하면서 줄곧 부딪혔던 문제는 『감각의 논리』의 내용이 너무 어렵다는 것이었다. 사실 『감각의 논리』는 내용이 어려울 수밖에 없는 구조적인 이유가 있다. 그 구조적인 이유, 어려움의 모태는 『감각의 논리』가 단 한 사람의 생각을 담은 책이 아니라 두 사람의 생각을 분간이 안 되도록 하나로 묶은 책이라는 사실이다. 철학자 들뢰즈와 화가 베이컨이 만났다. 그런데 철학자 들뢰즈가 누군가. 도통 이해가 안 되는 책을 쓴 사람들 중에서도 둘째가라면 서러워 할 사람이 아닌가! 화가 베이컨은 또 누군가. 어지간한 말로는 설명이 안 되는, 아주 강렬하면서도 불편한 충격을 주는 그림을 그리는 일에 있어서는 거의 달인의 경지에 오른 사람이 아닌가! 한 사람도 벅찬데, 이런 두 사람이 만나 시너지 효과를 내면서 새로운 인물 '베이컨-들뢰즈' 또는 '들뢰즈-베이컨'이 되었으니!『감각의 논리』는 바로 이 '베이컨-들뢰즈' 또는 '들뢰즈-베이컨'의 생각을 담은 책으로, 철학과 회화, 철학자와 화가, 들뢰즈와 베이컨 사이의 공명을 담고 있다. 이처럼 구조적으로 어려울 수밖에 없는『감각의 논리』를 제대로 읽기 위해서는 따라서 다음의 세 가지 조건이 가급적 미리 충족되어야 한다.

첫째, 들뢰즈의 철학에 대한 기본적인 인식이 전제되어야 한다.『감각의 논리』에는 들뢰즈의 다른 책에서 볼 수 있는 철학적 용어가 전혀 등장하지 않는다. 하지만『감각의 논리』는 들뢰즈가 자신의 철학이라는 안경을 쓰고서 그 안경을 통해 보이는 모습 그대로 베이컨의 그림을 해석하고 음미한 책이다. 자신의 철학에 대한 사전 설명은 전혀 없이 말이다. 그러니 들뢰즈의 철학을 접한 적이 없는 사람은『감각의 논리』의 첫 페이지부터 당황할 수밖에 없다. 요즘 말로 "이건 뭥미?" 하면서 말이다.

  둘째, 들뢰즈의 철학과 베이컨의 그림의 만남이 정합적이고 일관적이라는 사실과 그 이유를 알아야 한다. 쉽게 말해서 궁합이 잘 맞는 남녀가 처음부터 끝까지 의견의 일치를 보이며 무슨 일이든 매끄럽게 잘 풀어나가는 것처럼 들뢰즈와 베이컨 역시 환상의 공조 관계를 이루며 거의 모든 논제에 대해서 의견의 일치를 보이는데, 도대체 어떻게 이런 일이 있을 수 있는 것인지 그 이유를 미리 알아야 하는 것이다. 두 사람 모두 참으로 독특하며 또 두 사람의 직업이 완전히 다른 만큼, 따라서 두 사람의 찰떡궁합이 충분히 미스테리일 수 있는 만큼, 들뢰즈의 철학과 베이컨의 그림이 정합적이고 일관된 만남을 이루는 이유는 더욱더 『감각의 논리』를 제대로 읽기 위한 조건이 될 수밖에 없다.

  셋째, 베이컨 고유의 그림 논리를 이해하고 거기에 익숙해져야 한다. 베이컨의 그림은 주제의 특이함, 색채의 강렬함, 정서적 폭력성으로 유명하다. 이 특이함, 강렬함, 폭력성은 어디에서, 왜 오는 것인지를 가능한 한 『감각의 논리』를 읽기 전에 이해하고 있어야 한다. 왜냐하면 『감각의 논리』는 철학적 용어는 전혀 없이 오로지 베이컨의 그림, 베이컨의 회화 용어만 사용하여 이야기를 풀어나가기 때문이다.

  이런 이유로 나는 학교에서 강의를 하면서 『감각의 논리』의 각

장을 읽을 때마다 들뢰즈의 존재론에 대한 강의를 조금씩이나마 병행할 수밖에 없었다. 아울러 필요한 경우 『감각의 논리』의 각 장의 주제에 맞추어서 들뢰즈와 베이컨의 정합적이고 일관된 만남의 이유를 설명해야만 했으며, 또한 학생들에게는 베이컨의 그림 논리를 『감각의 논리』 외에 다른 책들을 찾아 읽던지 해서 따로 준비하도록 요구할 수밖에 없었다. 고백컨대, 쉽지 않은 강의였으며, 또 지금 생각해보면 아쉬움이 많이 남는 강의였다. 학교 강의라는 제한된 틀로 인해 시간이 물리적으로 부족했던 것이 가장 큰 이유였고, 도전 의지와 열정만 있었지 경험 부족으로 준비한 강의 내용을 시간 내에 효과적으로 전달하지 못한 이유도 컸다. 이 책은 그러한 아쉬움을 상쇄하고 부족했던 것을 보충하고자 하는 의지를 담고 있다. 이 책을 쓰면서 학생들에 대한 미안함과 고마움이 계속 맴돌았던 이유다.

  따라서 이 책은 다음과 같이 두 부분으로 이루진다.

  먼저 「제1부 들뢰즈의 존재론」에서는 들뢰즈의 철학에 대한 기본적인 인식을 담았다. 이것이야말로 『감각의 논리』를 읽기 전에 충족시켜야 할 가장 중요한 조건이기 때문이다. 그렇다고 해서 들뢰즈의 철학을 아주 자세하게 논하지는 않았다. 어쨌든 이 책은 본질적으로 철학자 들뢰즈와 화가 베이컨의 만남, 즉 『감각의 논리』에 대한 해설서이니 말이다. 따라서 우리의 관심 대상인 베이컨에 대한 들뢰즈의 생각뿐 아니라, 차후에 예술, 과학, 정치, 경제

등 사회의 제반 현상에 대한 들뢰즈의 입장을 이해하고자 할 때 반드시 요구되는, 들뢰즈 철학의 엑기스라고 할 만한 내용을 추려 내어서 제1부에 담았다. 제1부는 들뢰즈의 저술에 근거해서 들뢰즈가 생각하는 '세계', '인간', '사건'이라는 제목 아래 기술한, 들뢰즈의 철학에 대한 아주 얇은 입문서로 보아도 될 것이다.

다음으로 「제2부 들뢰즈와 베이컨의 만남」에서는 『감각의 논리』의 내용을 중심으로, 또 가급적 그 순서를 지켜가면서 철학자 들뢰즈와 화가 베이컨의 만남을 다뤘다. 즉 베이컨의 그림과 들뢰즈의 철학의 만남이 정합적이고 일관된 이유에 대한 설명으로부터 시작해서, 베이컨의 그림과 들뢰즈의 존재론 사이의 동형 관계에 대한 해설, 또 베이컨의 그림이 들뢰즈 존재론의 핵심적 논제들을 어떻게 표현하는지에 대한 해설, 더 나아가 베이컨의 그림이 감각을 구현하는 방식에 대한 해설까지 모두 이 제2부에 담았다. 제2부는 말 그대로 『감각의 논리』에 바치는, 아울러 지난 강의를 함께했던 학생들에게 다시 전하고 싶은, 이 책을 통한 나의 강의라 할 수 있다.

마지막으로 더하고 싶은 말이 있다. 이 책에는 책의 내용을 함축적으로 표현한 도해圖解를 많이 넣었다. 인문학 서적에 도해를 쓰는 경우가 드물어서 사실 낯선 감이 있다. 하지만 책의 내용에 대한 이해를 돕고 소통의 가능성을 높일 수만 있다면 이보다 더 많은 도해, 또는 도해 외에 또 다른 방식을 써도 좋다는 것이 나의 생각이다. 지금 우리가 사는 시대가 시각 문화의 시대라서가 아니라 순수하게 책의 내용에 대한 이해를 돕기 위해서 도해를 만든 것이니 독자 여러분은 책을 읽을 때 책의 내용과 도해를 교차시키면서 읽어주시기 바란다.

    책이 나오기까지 정말 곡절이 많았다. 곡절이 많았던 만큼 이학사 강동권 사장님께 전하고픈 감사의 마음은 이루 말할 수 없이 크다. 이 자리를 빌려서 강동권 사장님께 감사와 존경의 마음, 뜨거운 동지의 마음을 전한다. 그리고 특별히 감사의 마음을 곱절로 담아 전하고픈 분이 한 분 더 있다. 책 내용을 정확히 교정하고 깊이 있는 조언을 아끼지 않았던 이학사 임양희 과장님이 없었다면 이 책은 없었을 것이다. 이 지면을 빌려서 미안함과 감사의 마음을 전한다. 마지막으로 이 책의 시작이자 끝이 되었던 학생들, 강의를 함께했던 학생들에게 안부 인사와 더불어 사랑과 감사의 마음을 전한다.

2012년 5월

박정태

차례

머리말 **5**

제1부 들뢰즈의 존재론
1. 세계 **15**
2. 인간 **37**
3. 사건 **53**

제2부 들뢰즈와 베이컨의 만남
1. 철학과 예술 **111**
2. 존재론에서 회화로, 회화에서 존재론으로 **129**
   베이컨 그림의 세 요소와 들뢰즈 존재론의 관계 **131**
   베이컨의 그림이 보여주는 들뢰즈 존재론의 논제들 **156**
   베이컨의 삼면화가 구현하는 들뢰즈적 존재 **194**
   베이컨의 감각 그리기 **203**
   베이컨 그림의 눈의 만지는 기능 창조하기 **241**

참고 문헌 **251**
부록: 베이컨의 그림 **257**

제1부

들뢰즈의 존재론

1. 세계

존재의 일의성 (⟷ 존재의 다의성)

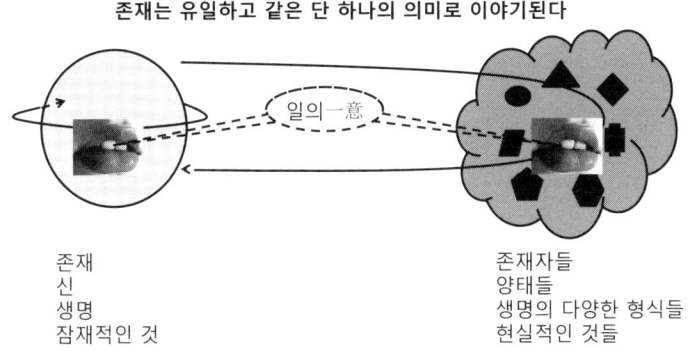

인간을 포함하여 세상에 존재하는 모든 것을 가리켜 무엇이라 하는가? 일상적으로 우리는 우주, 자연, 세계 등의 말을 쓴다. 이 말들 간에 있을 수 있는 의미상의 차이를 엄격하게 구분하지 않은 채 말이다. 이 책에서도 우주, 자연, 세계를 세상에 존재하는 모든 것을 가리키는 말로 쓰고자 한다.

그렇다면 묻자. 세상에 존재하는 모든 것, 즉 세계란 무엇인가? 누군가 이 물음에 답했을 때, 우리는 이 답변을 그의 세계관이라고 한다. 그리고 특별히 철학자가 자신의 세계관을 말할 때, 세계관은 이제 존재론이 된다. 왜냐하면 세상에 존재하는 모든 것, 즉 모든 실재實在의 근간이 무엇인지, 그 근본적 규정은 어떻게 되는지, 본질적 성질은 어떠하며, 왜 그리고 어떻게 변화하는지를 연구하는 학문이 존재론이기 때문이다. 따라서 들뢰즈의 존재론은 곧 그의 세계관, 다시 말해 들뢰즈가 바라보는 세계, 세계에 대한 들뢰즈의 생각이기도 하다.

들뢰즈에게 있어서 존재론은 한마디로 일의적 존재론이다. 그의 세계관 또한 당연히 일의적 세계관이다. 따라서 바로 이 일의적이라는 말과 관련된 존재론적 담론, 즉 존재의 일의성一意性Univocité de l'Être의 논제는 들뢰즈의 존재론과 세계관을 이해함에 있어서 처음이자 끝이 되는, 언제나 판단 근거가 되는 핵심적인 논제로 작용한다. 그렇다면 우리는 묻지 않을 수 없다. 과연 존재의 일의성이란 무엇인가?

흔히 우리는 아이를 보면 그 아이의 부모를 알 수 있다고 말한다. 마찬가지로 우리는, 창조론을 전제하는 경우, 이 세상의 이런저런 것들을 보면 이 세상을 창조한 조물주에 대해서 알 수 있다고 말한다. 순서를 바꾸면 이 말은 다음과 같이 된다. 부모는 물론 부모 자신을 통해서도 알려지지만 아이를 통해서도 알려진다. 조물주는 물론 조물주 자신을 통해서도 드러나지만 그의 창조물을 통해서도 드러난다. 우리가 존재의 일의성에 접근할 때 기댈 수 있는 가장 쉬운 맥락이 바로 이와 같은 맥락이다. 즉 존재의 일의성 또한 이러한 맥락을 따라서 다음과 같이 표현될 수 있다. 존재는 존재 자신을 통해서도 이야기되지만 존재자들을 통해서도 이야기된다.

그런데 여기에 정말 중요한 사실 하나가 부과된다. 그것은 존재는 그가 어떤 경우를 통해서 이야기되든 반드시 유일하고 같은 단 하나의 의미로만 이야기된다는 사실이다. 들뢰즈는 말한다. 존재는 존재 그 자신을 통해서 이야기되든, 존재자들을 통해서 이야기되든 유일하고 같은 단 하나의 의미로만 이야기된다. 그리고 들뢰즈에게서 '존재 = 신 = 생명 = 잠재적인 것 = ……'의 등식이 성립한다는 것을 고려한다면, 이 말은 이제 다음과 같이 다양하게 표현될 수 있다. 신은 신 자신을 통해서 이야기되든, 양태들을 통해서 이야기되든 유일하고 같은 단 하나의 의미로만 이야기된다(스피노자-들뢰즈의 경우). 생명은 생명 그 자신을 통해서 이야기되든, 생명의 다양한 형식들을 통해서 이야기되든 유일하고 같은 단 하나의 의미로만 이야기된다(베르그손-들뢰즈의 경우). 잠재적인 것은 잠재적인 것 자신을 통해서 이야기되든, 현실적인 것들을 통해서 이야기되든 유일하고 같은 단 하나의 의미로만 이야기된다(들뢰즈의 경우).

요컨대 존재의 일의성은 다음과 같이 정리될 수 있다. 먼저 존재는 이야기된다. (또는 univocité라는 단어의 어원(uni+vocité)을 반영한 뜻인 단성성單聲性을 그대로 살려서 존재는 소리를 낸다고도 할 수 있다.) 그리고 존재는 존재 자신을 통해서 이야기될 때,

유일하고 같은 단 하나의 의미로 이야기된다. 또 존재는 존재자들을 통해서 이야기될 때, 모든 존재자의 유일하고 같은 단 하나의 의미로 이야기된다. 물론 존재자들은 서로 같지가 않다. 하지만 모든 존재자에게 있어서 존재는 같다.

들뢰즈의 모든 책에 꾸준히 등장하는, 오로지 하나의 의미로 이야기된다는 이 존재의 일의성의 논제를 몇 가지 핵심 개념의 힘을 빌려서 접근해보면 다음과 같다.

내재주의 (⟷ 초월주의)

존재는 존재자들에 내재하고 존재자들은 존재에 내재한다

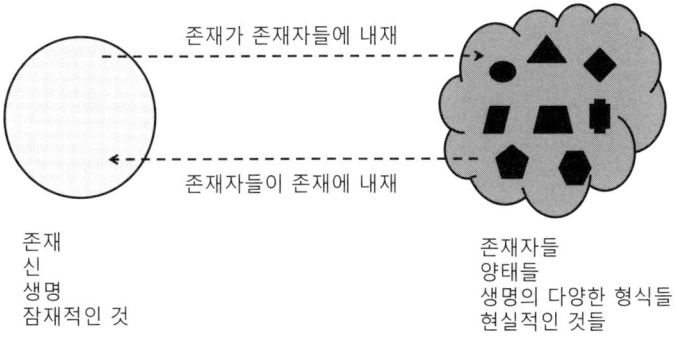

첫째, 존재의 일의성은 내재주의內在主義immanentisme와 불가분의 관계에 있다. 존재는 존재자들에 내재하며 존재자들은 존재에 내재한다. 신은 만물인 모든 양태에 내재하며 모든 양태는 신에 내재한다(스피노자-들뢰즈의 경우). 생명은 생명의 다양한 형식들에 내재하며 생명의 다양한 형식들은 생명에 내재한다(베르그손-들뢰즈의 경우). 잠재적인 것은 현실적인 것들에 내재하며 현실적인 것들은 잠재적인 것에 내재한다(들뢰즈의 경우).

만약 존재와 존재자들이 상호 내재적이지 않다면, 따로 분리되어 있는 존재와 존재자들의 각 의미를 따라서 존재가 서로 다르게 이야기될 수밖에 없을 것이고, 결국 이 경우에는 오로지 하나의 의미만 이야기되어야 한다는 존재의 일의성의 논제가 무너지고 말 것이다. 즉 존재가 존재 자신을 통해서 이야기될 때의 의미 A와 존재가 존재자들을 통해서 이야기될 때의 의미 B가 A≠B처럼 서로 다르게 되는, 그리하여 존재는 하나의 의미로만 이야기되는 것이 아니라 다수의 서로 다른 의미로 이야기된다는 존재의 다의성多意性Équivocité de l'Être의 논제가 성립하게 될 것이다.

예를 들어 기독교는 다의적 세계관을 제시한다. 왜냐하면 기독교의 세계관에 따르면 초월적인 신의 세계와 현실의 피조물의 세계 사이에 넘을 수 없는 간격이 존재하기 때문이다. 이 경우에는 존재가 신의 세계를 통해서 이야기될 때의 의미와 피조물의 세계를 통해서 이야기될 때의 의미가 서로 다르게 된다. 하지만 이와 반대로 스피노자-들뢰즈는 일의적 세계관을 제시한다. 왜냐하면 스피노자-들뢰즈의 내재주의적 세계관에 따르면 신이 모든 피조물에 내재하고(범신론汎神論panthéisme) 또 모든 피조물이 신에 내재하기(만유재신론萬有在神論panenthéisme) 때문이다. 이 경우에는 존재가 신의 세계를 통해서 이야기될 때의 의미와 피조물의 세계를 통해서 이야기될 때의 의미가 서로 같게 된다. 존재의 일의성의 논제는 이처럼 내재성內在性immanence에 근거하는 논제다. 존재의 일의성의 논제는 결코 초월성超越性transcendance과 공존하지 못한다.

분간(식별) 불가능성 (⟷ 분간(식별) 가능성)

종이와 주름의 관계처럼 존재와 존재자들은 서로 분간이 불가능하다

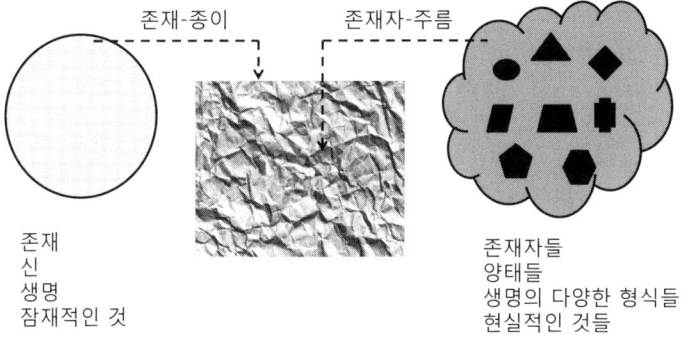

존재
신
생명
잠재적인 것

존재자들
양태들
생명의 다양한 형식들
현실적인 것들

둘째, 존재의 일의성은 분간(식별) 불가능성indiscernabilité의 개념과 불가분의 관계에 있다. 사실 분간 불가능성은 앞에서 언급한 내재주의에 따른 당연한 결과라고 할 수 있다. 왜냐하면 존재와 존재자들이 서로에게 내재한다면, 우리가 비록 경우에 따라 존재와 존재자들을 따로 구분(구별)해서distinguer 거론할 수 있을지 몰라도, 결코 존재와 존재자들은 서로 분리되거나 나뉠 수 없을 것이기 때문이다. 마치 이리저리 접힌 종이의 경우, 우리가 종이와 종이의 주름들을 따로 구분하여 이야기할 수 있을지 몰라도 종이와 종이의 주름들을 분리하거나 나눌 수 없는 것과 마찬가지다. 존재와 존재자들은 이처럼 서로 분간이 불가능하며, 또 이렇게 서로

분간이 불가능하기 때문에 오로지 하나의 의미로만 이야기될 수 있다.

앞에서 예로 든 기독교의 경우, 신과 피조물들은 서로 구분될 뿐 아니라 또한 서로 분간이 가능하다. 왜냐하면 기독교의 다의적 세계관에 따르면 신과 피조물들은 그들 사이에 존재하는 넘을 수 없는 간격으로 인해서 서로 분명히 분리되거나 나누어지기 때문이다. 하지만 이와 반대로 스피노자-들뢰즈의 경우를 보면 여기에서 신과 피조물들은 서로 구분은 되지만 분간은 안 된다. 왜냐하면 스피노자-들뢰즈의 일의적 세계관에 따르면 신과 피조물들은 서로가 서로에게 내재한다는 점에서 그들 사이에는 결코 그 어떤 간격이나 거리도 용인되지 않기 때문이다. 존재의 일의성의 논제는 이처럼 분간 불가능성에 근거하는 논제다. 존재의 일의성의 논제는 결코 분간(식별) 가능성discernabilité과 공존하지 못한다.

등가성(동등성) (⟷ 비등가성(비동등성))

존재와 존재자들은 존재론적 가치가 서로 같다

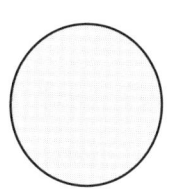

존재
신
생명
잠재적인 것

존재자들
양태들
생명의 다양한 형식들
현실적인 것들

셋째, 존재의 일의성은 존재론적 등가성(동등성)équivalence(égalité)의 개념과 불가분의 관계에 있다. 앞에서 이야기한 것처럼 존재와 존재자들이 서로에게 내재하며 서로 분간이 불가능하다면, 존재와 존재자들에게는 이제 서로에 대해서 존재론적 가치의 우위를 따질 여지가 없게 된다. 이뿐만이 아니다. 원리적으로 놓고 보더라도 존재의 일의성은 존재론적 비등가성(비동등성) inéquivalence(inégalité)과 공존할 수 없다. 만약 존재가 존재자들에 대해서 존재론적으로 우월한 가치를 갖는 것으로 고려된다면, 존재가 존재론적으로 가치가 더 큰 존재와 가치가 더 작은 존재자들을 따라서 다르게 이야기될 것이고, 결국 이런 식으로 이야기되는 두 의미는 오로지 하나의 의미만 이야기되어야 한다는 존재의 일의성의 논제를 무너뜨리고 말 것이기 때문이다.

또 다시 기독교의 경우를 예로 들어보자. 기독교의 다의적 세계관에 따르면 신과 피조물들 사이에는 존재의 측면에서든 인식의 측면에서든 그들 사이에 존재하는 넘을 수 없는 간격만큼이나 큰 분명한 가치의 차이가 존재한다. 예를 들어 존재의 측면에서 신은 무한한 존재인 반면, 피조물인 인간은 유한한 존재다. 또 인식의 측면에서 신은 전지한 존재요, 따라서 그의 지성은 지고의 절대적 지성인 반면, 피조물인 인간의 지성은 유한한 결핍된 지성이다. 하지만 이와 반대로 스피노자-들뢰즈의 일의적 세계관에 따르면, 신과 피조물들이 서로에게 내재하며 서로 분간이 불가능하기 때문에, 신과 피조물들 사이에는 존재의 측면에서든 인식의 측면에서든 그 어떤 가치의 차이도 존재하지 않는다. 철학사에서 일반적으로 스피노자의 합리주의가 특별히 절대적 합리주의로 불리는 이유가 바로 이것이다. 비록 전지한 신의 절대적 지성에 비해 인간의 지성은 유한하고 결핍된 것처럼 보이지만, 그럼에도 불구하고 스피노자-들뢰즈의 세계관에서 인간의 지성은 그 존재론적 등가성으로 인해서 결국에는 신의 지성과 동등한 지성이 될 수 있는 가능성이 열려 있는 것이다. 존재의 일의성의 논제는 이처럼 존재론적 등가성(동등성)에 근거하는 논제다. 존재의 일의성의 논제는 결코 존재론적 비등가성(비동등성)과 공존하지 못한다.

생기주의

존재는 존재자들을 생산함으로써만 실재하는 생산 역능이자 생기적 운동이다

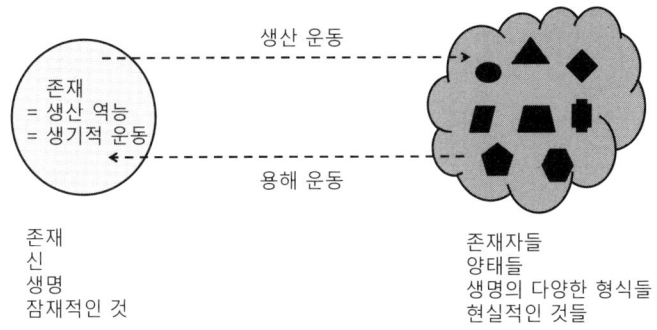

 넷째, 존재의 일의성은 존재론적 생기주의生氣主義vitalisme와 불가분의 관계에 있다. 들뢰즈에게 있어서 존재는 존재에게 고유한 잠재적인 힘으로서, 오로지 존재자들을 생산함으로써만 실재하는 생산의 힘, 즉 생산 역능生産力能puissance de production이다. 마치 스피노자-들뢰즈에게 있어서 신이 오로지 만물을 생산함으로써만 실재하는 자기 원인적 생산 역능인 것처럼 말이다. 스피노자-들뢰즈적 세계관에 따르면 신은 결코 기독교적 인격신이 아니다. 세상 만물을 창조한 다음 피조물들을 보며 만족스러워 하면서 안식을 취한 기독교적 인격신과 달리, 스피노자-들뢰즈적 신은 결코 만물의 생산을 멈추는 법이 없다. 그는 선한 계획을 세우고 창조하

는 신도 아니요, 안식을 취하며 창조를 멈추는 신도 아니다. 그는 오로지 만물을 생산함으로써만, 그리하여 생산된 피조물들을 통해서 그 자신을 드러내고 표현함으로써만 실재하는 생산 역능인 것이다. 따라서 우리는 다음과 같이 말할 수 있다. 신이 만물을 생산함으로써만 실재하는 생산 역능이라면, 만물은 자신들 속에서 생산 역능인 신을 증명한다(스피노자-들뢰즈의 경우). 생명이 생명의 다양한 형식들을 생산함으로써만 실재하는 생산 역능이라면, 생명의 다양한 형식들은 자신들 한가운데서 생산 역능인 생명을 증명한다(베르그손-들뢰즈의 경우). 잠재적인 것이 현실적인 것들을 생산함으로써만 실재하는 생산 역능이라면, 현실적인 것들은 자신들 속에서 생산 역능인 잠재적인 것을 증명한다(들뢰즈의 경우).

한편 생산 역능인 존재는 그 자체가 생기적 운동이기도 하다. 먼저 존재의 생산 운동이 있다. 왜냐하면 생산 역능인 존재가 존재자들을 생산한다는 점에서 존재는 필연적으로 존재로부터 존재자들을 향해서 나아가는 생산 운동을 자신 속에 함축하기 때문이다. 다음으로 존재의 용해 운동이 있다. 왜냐하면 존재자들이 자신들 속에서 생산 역능인 존재를 증명하면서 자신들 스스로를 존재의 이런저런 양태로 드러낸다는 점에서 존재는 필연적으로 존재자들로부터 존재를 향해서 나아가는 용해 운동을 자신 속에 함축하기 때문이다. 비록 이 두 운동이 우리가 가시적으로 확인할 수 있는 물리적인 공간상의 이동은 아니라고 할지라도 말이다. 이렇게 해서 생산 역능인 존재는 존재자들을 향해서 나아가며 생산물들인 존재자들은 존재를 향해서 나아간다. 신은 만물을 향해서 나아가며 만물은 신을 향해서 나아간다. 생명은 생명의 다양한 형식들을 향해서 나아가며 생명의 다양한 형식들은 생명을 향해서 나아간다. 잠재적인 것은 현실적인 것들을 향해서 나아가며 현실적인 것들은 잠재적인 것을 향해서 나아간다.

하지만 존재의 이 두 운동은 비록 이와 같이 그 방향성을 따라서 따로 구분되어 고려될 수 있을지 몰라도 결코 분리되거나 나누어지지 않는다. 만약 존재의 생산 운동과 용해 운동이 따로 분리된 두 운동이라면, 분리된 이 두 운동을 따라서 존재가 서로 다르게 이야기될 수밖에 없을 것이고, 결국 이런 식으로 이야기되는 존재의 두 의미는 오로지 하나의 의미만 이야기되어야 한다는 존재의 일의성의 논제를 무너뜨리고 말 것이기 때문이다. 요컨대 존재의 두 운동은 서로 대립되는 양방향을 향해 나아가되 서로 분간이 불가능한 두 운동, 즉 서로 대립되는 양방향을 향해 나아가는 단 하나의 이중 운동이라고 할 수 있다.

매개가 배제된 종합

존재의 일의성은 매개가 배제된 종합의 논리를 필요로 한다

① 잠재적 차원과 현실적 차원의 매개가 배제된 종합
② 하나와 다수의 매개가 배제된 종합
③ 생산 운동과 용해 운동의 매개가 배제된 종합

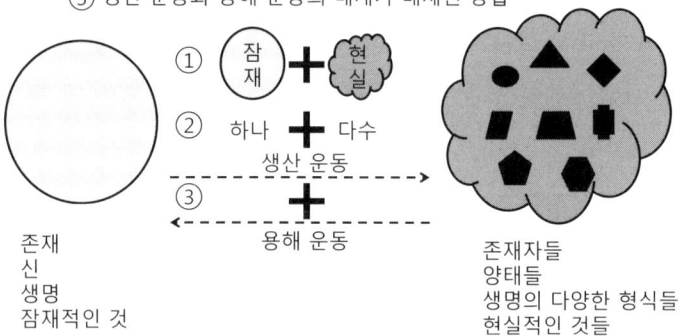

 다섯째, 존재의 일의성은 매개가 배제된 종합synthèse sans la médiation의 개념과 불가분의 관계에 있다. 존재가 모든 존재자의 유일하고 같은 하나의 의미로 이야기된다는 것, 또 모든 존재자가 자신들 속에서 생산 역능인 존재를 증명한다는 것은 존재의 일의성의 논제 그 자체가 곧 존재와 존재자들의 일종의 종합의 논제에 해당한다는 사실을 보여준다.

 하지만 여기에서 존재와 존재자들의 종합은 결코 매개를 필요로 하지 않는 종합이다. 왜냐하면 존재와 존재자들을 종합하는 과정에 매개가 개입할 경우에는 매개에 의한 고정적 분리 또는 나늚에 따라 존재가 여러 의미로 이야기될 것이고, 결국에는 이렇게 이야기되는 여러 의미가 오로지 하나의 의미만 이야기되어야 한다는 존재의 일의성의 논제를 파괴시켜버리고 말 것이기 때문이다. 예를 들어 플라톤이 제시하는 세계관에서는 유사함이 이데아 세계와 현실 세계를 종합하는 매개의 역할을 한다고 할 수 있다. 현실 세계의 수많은 책상이 이데아 세계의 책상 이데아와 유사하냐 또는 유사하지 않느냐에 따라서 책상 이데아에 포섭(종합)되거나 또는 포섭되지 않는다는 점에서 유사함이 곧 포섭의 통로 역할, 즉 종합의 매개 역할을 하는 것이다. 그렇다면 이런 세계는 당연히 다의적 세계가 될 수밖에 없다. 왜냐하면 종합의 과정에서 매개의 역할을 하는 유사함의 여부에 따라 현실 세계의 책상들이 책상의 이데아와 유사한 책상들의 모임과 유사하지 않은 책상들의 모임이라는 두 모임으로 분명하게 나누어지게 될 것이고, 결국 매개에 의한 이 같은 고정적 나눔을 따라서 존재 또한 두 개의 의미로 이야기될 수밖에 없을 것이기 때문이다.

따라서 존재의 일의성에 합당한 종합은 서로 대립 관계에 있는 두 항, 즉 존재와 존재자들, 신과 만물, 생명과 생명의 다양한 형식들, 잠재적인 것과 현실적인 것들을 그 어떤 매개도 없이 전체적으로 함께 묶는 종합이어야 한다. 요컨대 존재의 일의성은 매개가 배제된 종합의 논리를 필요로 하는 것이다.

한편 우리는 존재와 존재자들의 매개가 배제된 종합이 다음과 같은 세 종류의 종합을 함축하고 있음을 주목해야 한다. 우선 잠재적 차원과 현실적 차원의 매개가 배제된 종합이 있다. 서로 대립 관계에 있되 종합되어야 할 두 항인 존재와 존재자들은, 차원의 관점에서 볼 경우, 존재는 잠재적 차원에, 존재자들은 현실적 차원에 속하기 때문이다. 다음으로 하나와 다수의 매개가 배제된 종합이 있다. 존재와 존재자들은, 수의 관점에서 볼 경우, 존재는 하나에, 존재자들은 다수에 해당하기 때문이다. 마지막으로 생산 운동과 용해 운동의 매개가 배제된 종합이 있다. 존재와 존재자들은, 운동의 관점에서 볼 경우, 서로 대립되는 양방향을 향해 나아가는 이중 운동의 양극단에 해당하기 때문이다. 존재의 일의성의 논제는 이처럼 삼중의 매개가 배제된 종합을, 즉 잠재적 차원과 현실적 차원의 매개가 배제된 종합, 하나와 다수의 매개가 배제된 종합, 생산 운동과 용해 운동의 매개가 배제된 종합을 필요로 한다.

존재의 일의성이 그리는 세계

잠재적인 것과 현실적인 것들이 분간 불가능한 세계
잠재적 차원에서든 현실적 차원에서든 그 자체로 실재하는 세계
분명히 하나이지만 또한 분명히 다수이기도 한 세계
잠재적 차원에서든 현실적 차원에서든 그 자체로 완벽하게 결정된 세계

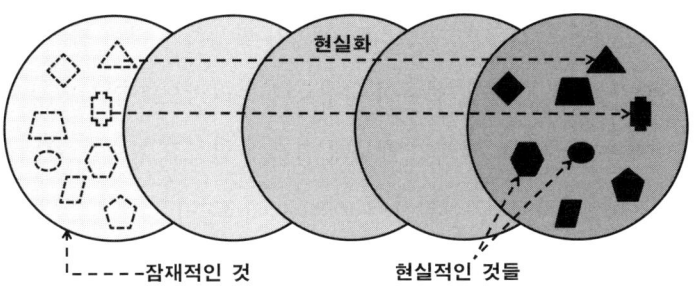

그렇다면 이러한 존재의 일의성의 논제가 그리는 세계는 과연 어떤 세계일까? 앞에서 줄곧 거론해왔듯이 무엇보다도 세계는 우선 존재와 존재자들이 분간 불가능한 세계, 신과 신의 생산물인 양태들이 분간 불가능한 세계(스피노자-들뢰즈의 경우), 생명과 생명의 다양한 형식들이 분간 불가능한 세계(베르그손-들뢰즈의 경우), 잠재적인 것과 현실적인 것들이 분간 불가능한 세계(들뢰즈의 경우)다. 즉 세계는 잠재적인 것이면서 동시에 현실적인 것들인 그런 세계이다.

따라서 세계는 한편으로 보면 잠재적인 것임이 분명하다. 하지

만 이때 잠재적인 것으로서의 세계는 그냥 단순하게 잠재적인 것이 아니다. 세계는 현실의 차원에서 세계 자신이 현실화되는 것을 가능케 하는 구조와 동력, 동인을 지니고 있고 또 그것을 실제로 행사함으로써 실재하는 그런 잠재적인 것이다. 즉 세계는 그 속에서 현실적인 사건 또는 현실적인 차이가 발생하게 하는 잠재적인 것, 따라서 그 자체가 (현실적 경험보다 논리적으로 앞서면서 또 이렇게 논리적으로 앞서기 때문에 차후에 현실적 경험을 가능하게 한다는 의미에서) 선험적先驗的transcendantal이라 할 수 있는 잠재적인 것이다. 이렇게 본다면, 잠재적인 것으로서의 세계는 비록 그것이 아직 현실화되지 않았다고 할지라도 이 비현실화를 두고서 단순하게 없는 것이라고 말할 수 없다. 마치 아직 꽃과 열매를 맺지 않았을지라도 이미 씨앗 속에 꽃과 열매가 존재하는 것처럼 잠재적인 것으로서의 세계는 그 자체로 이미 실재하는 것이다. 물론 다른 한편으로 세계는 현실적인 것들로서 또한 실재한다. 즉 현실적인 것들로서의 세계가 분명하게 실재한다. 따라서 우리는 이제 세계의 실재성實在性réalité과 관련해서 다음과 같이 말할 수 있을 것이다. 세계는 잠재적 차원에서든 현실적 차원에서든 그 자체로 실재하는 것이다.

다음으로 세계는 잠재적인 것이기 때문에 하나라고 할 수 있지만, 또한 현실적인 것들이기 때문에 다수라고 할 수 있다. 하지만 엄격하게 말하자면 잠재적인 것으로서의 세계는 사실 그 자체가 이미 다수이기도 하다. 왜냐하면 잠재적인 것은 자기 자신 속에 현실화의 무한한 싹을 잠재성의 형태로 지니고 있다는 점에서 현실화되기 이전부터 그 자체가 이미 다수이기도 하기 때문이다. 비록 그것이 현실적 차원이 아닌 잠재적 차원에서 이야기되는 다수라 할지라도 말이다. 따라서 우리는 세계의 수數nombre와 관련해서 다음과 같이 말할 수 있을 것이다. 세계는 분명히 하나이지만 또한 분명히 다수이기도 하다.

잠재적인 것으로서의 세계는 이처럼 세계 자신 속에 현실화의 무한한 싹을 잠재성의 형태로 지니고 있다는 점에서 수많은 잠재적 차이로 그 자체가 이미 완벽하게 결정되어 있다고 할 수 있다. 비록 이 잠재적 차이들이 아직 현실화되지는 않았다고 할지라도 말이다. 그렇다면 세계는 결코 이래도 좋고 저래도 좋은 세계, 그 어떤 것도 결정되지 않은 무차별적인 세계일 수 없다. 오히려 그 반대다. 무한한 현실적 차이의 발생을 위한 완벽한 결정체, 세계는 바로 이것이다. 따라서 우리는 세계의 결정성決定性déterminabilité과 관련해서 다음과 같이 말할 수 있을 것이다. 세계는 잠재적 차원에서든 현실적 차원에서든 그 자체로 완벽하게 결정된 것이다.

마지막으로 이러한 세계는 우리가 앞에서 존재의 일의성을 설명하기 위하여 의존했던 핵심 개념들이 그 모습 그대로 완벽하게 적용되는 세계다. 즉 세계는 잠재적인 것과 현실적인 것들이 서로 내재하는 세계요, 잠재적인 것과 현실적인 것들이 서로 분간 불가능한 세계이자, 잠재적인 것과 현실적인 것들의 가치가 존재론적으로 동등한 세계이고, 잠재적인 것과 현실적인 것들이 생기주의 아래 관계를 맺는 세계이면서, 또한 잠재적인 것과 현실적인 것들이 서로 매개가 배제된 채 종합되는 세계인 것이다.

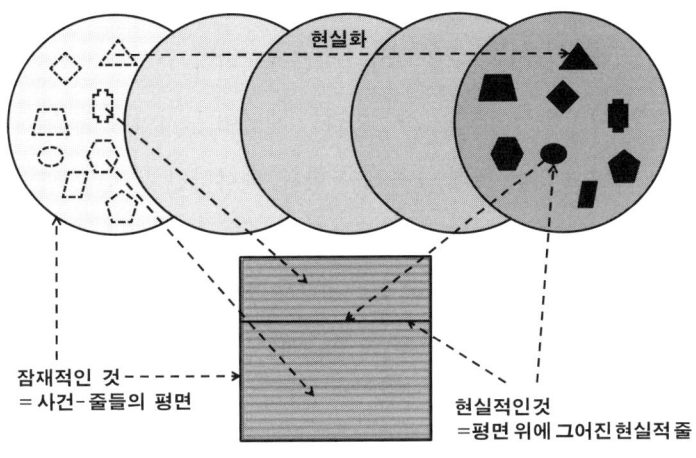

사건-줄들로 이루어진 평면으로서의 세계

  존재의 일의성의 논제가 그리는 이와 같은 세계를 포스트모던한 철학자답게 들뢰즈는 어찌 보면 생소한 개념들을 통해서 기술하는데, 그 개념들 가운데 하나가 줄 또는 주름의 개념이다. 이에 따르면 세계는 잠재적인 사건-줄들의 총체이면서 또한 매 순간 잠재적인 사건-줄들로부터 발생하는 현실적인 사건-줄들의 총체가 된다. 아직 현실화되지는 않았지만 실재하는 사건-줄들뿐 아니라 현실의 차원에서 발생한 사건-줄들까지 모두 포함한 총체, 이것이 바로 세계인 것이다. 이렇게 본다면 세계는 이제 사건-줄들로 이루어진 평면, 무한한 수의 사건-줄로 빽빽이 들어

찼다는 점에서 그것도 아주 매끈한 유리면과도 같은 평면으로 고려될 수 있다. 들뢰즈가 존재 또는 잠재적인 것을 설명하면서 평면의 개념을 들여오는 것은 이런 맥락에서이다.

한편 여기에서 우리는 사건이라는 개념이 무척이나 풍부한 뜻으로 쓰이고 있음 또한 주목해야 한다. 왜냐하면 세계의 모든 것이 다 사건이라는 말로 표현 가능하기 때문이다. 말 그대로 우발적으로 일어난 일만 사건이 아니라 우리의 일상적인 행위 모두가 다 사건이다. 잠자기, 일어나기, 세수하기, 밥 먹기, 일하기, 귀가하기, 다시 잠자기도 사건이요, 사유와 감각도 사건이며, 앞집의 개가 지금 소리 내어 짖는 것도 사건이다. 따라서 우리가 어떤 관심 아래 사건을 보느냐에 따라서 세계는 이제 일상적인 일-줄들, 사유-줄들, 감각-줄들, 소리-줄들, 맛-줄들 등의 총체이자 또 이런 줄들로 이루어진 평면이 될 수 있다. 예를 들어 세계가 화가에게는 시각과 관련된 감각-줄들의 평면으로, 음악가에게는 소리-줄들의 평면으로, 요리사에게는 맛-줄들의 평면으로, 정치가에게는 정치적 사건-줄들의 평면으로 나타나게 될 것이다.

2. 인간

세계와 분간이 안 되는 인간

인간
= 현실적인 사건-줄들과 분간이 안 되는 잠재적인 사건-줄들의 총체 또는 평면
= 내재성의 평면
= 객체(각각의 사건-줄)와 분간이 안 되는 주체(사건-줄들의 총체 또는 평면)
= 자기의식 또는 인격이 들어설 여지가 전혀 없는 주체
= 자기 내재적이며 절대적인 비인격적 순수 의식

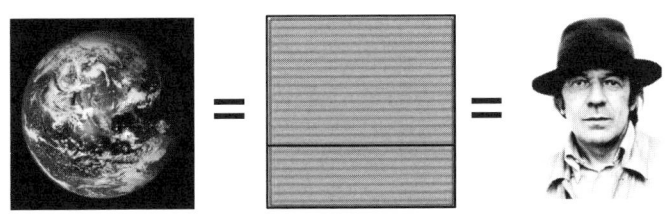

들뢰즈에게 있어서 인간은 세계와 분간이 안 된다. 존재의 일의성의 논제에 따라 존재와 존재자들, 신과 신의 생산물인 양태들, 생명과 생명의 다양한 형식들, 잠재적인 것과 현실적인 것들이 분간이 안 된다는 사실을 고려한다면, 들뢰즈에게 있어서 세계와 인간이 분간이 안 된다는 것은 지극히 당연한 일이다. 따라서 인간 역시 세계가 그런 것과 꼭 마찬가지로 사건-줄들의 총체, 사건-줄들로 이루어진 평면으로 고려될 수 있다.

자기의식 또는 인격이라는 그릇 속에 자신의 모든 행위를 모아

담는 주체, 그리고 자신의 모든 행위를 이성적이고 합리적인 방식으로 인식하고 판단하는 주체는 근대적 인간이다. 물론 들뢰즈는 이런 인간관을 거부하거나, 또는 적어도 피상적이라고 본다. 그에 따르면 인간은 인격이라는 그릇과 이성적 사유를 전제로 하는 근대적 인간이기 이전에 무엇보다도 먼저 현실적으로 발생한 사건-줄들의 총체를 말한다. 왜냐하면 인간이란 그가 무엇을 하든 상관없이 결국에는 그가 실제로 한 현실적 행위들 또는 사건들의 총체라고 할 수 있기 때문이다. 하지만 이때 주의해야 할 사실이 하나 있다. 그것은 적어도 사건들이 현실적으로 발생한 바로 그 순간에 있어서만큼은 사건들이 아직 인격적 사건들이 아니라는 사실이다. 즉 발생한 사건들이 아직 자기의식 또는 인격이라는 그릇 속에 담기지도 않고, 또 아직 이성적이고 합리적인 방식으로 가공되지도 않은 순간이 존재하는 것이다. 이때의 사건들은 말 그대로 선인격적, 선이성적, 선합리적 사건들이요, 따라서 비인격적, 비이성적, 비합리적 사건들인 것이다.

예를 들어 갑이라는 한 개인이 짜장면을 먹는 경우를 생각해보자. 혀에서 발생하는 미각, 입과 젓가락질하는 손에서 발생하는 촉각, 코에서 발생하는 후각, 눈에서 발생하는 시각, 그리고 귀에서 발생하는 청각까지, 이 모든 감각은 그 자체로 순수한 감각이자 순수한 사건이며, 비인격적, 비이성적, 비합리적 사건이다. 왜냐하면 이 모든 감각이 아직 갑의 인격이라는 그릇 속에 담기지도, 갑에 의해서 이성적으로 인식되거나 판단되지도 않았기 때문이다. 그런데 갑이 판단을 내리면서 '너무 맛있다'라고 말하는 순간 이 모든 순수 감각은 이제 이성적으로 가공된 인격적 감각, 즉 갑이라는 한 개인의 경험이 된다. 사실 순수 감각은 맛에 대한 한 개인의 판단과 무관하게 그 모습 그대로 거기에 있다. 다만 예에서 보는 것처럼 갑이 자기의식 아래 자기 나름대로 이성적으로 인식하고 판단함으로써 이 순수 감각을 자신의 인격적 감각으로 가공하는 것뿐이다. 심지어는 그 모습 그대로 있을 뿐인 순수 감각을 가지고서 갑이 너무 맛있다고 말했다가, 금방 판단을 바꾸어서 맛이 별로 없다고 말하는 경우까지 있을 수 있다. 즉 그 모습 그대로 있는 순수 감각과는 무관하게 한 개인의 경험적 판단이 이리저리 바뀌기도 하는 것이다. 이뿐만이 아니다. 갑이 짜장면을 먹으면서 '너무 맛있다'라고 말하는 순간 순수 감각에 함축되어 있던 다양하고 풍부한 차이들이 모두 다 뭉개져서 사라져버리고 만다. '맛있다'라는 말은 단지 미각에만 관련된 판단이라는 점에서 시각, 후각, 청각, 촉각과 관련된 차이들을 전혀 건드리지 못할 뿐 아니라, 또한 미각만 놓고 보더라도 이 '맛있다'라는 판단 자체가 짜장면의 그 풍부한 미각적 차이들을 다 놓쳐버리고 마는 너무나도 헐렁한 판단이기 때문이다. 어쨌든 발생한 사건들이 아직 자기의식 또는 인격이라는 그릇 속에 담기지도 않고, 아직 이성적이고 합리적인 방식으로 가공되지도 않은 순간이 존재한다. 들뢰즈가 인간은 현실적으로 발생한 사건-줄들의 총체라고 할 때의 사건들은 바로 이런 비인격적, 비이성적, 비합리적 사건들을 말한다.

한편 인간은 현실적으로 발생한 사건-줄들의 총체이기도 하지만 동시에 잠재적인 사건-줄들, 선험적인 사건-줄들의 총체이기도 하다. 들뢰즈에 따르면 인간이 실제로 행한 현실적인 사건들보다 논리적으로 앞설 뿐 아니라, 또한 사건들의 현실화를 위한 구조, 동력, 동인을 지니고 있기 때문에 차후에 현실적인 사건들의 발생을 가능하게 하는 잠재적인 사건들, 선험적인 사건들이 존재한다. 보편적인 하나로 묶을 수 없는 이러한 잠재적이고 선험적인 사건들의 총체 또는 사건-줄들의 총체에게, 다시 말해 들뢰즈의 존재의 일의성이 그리는 인간에게 적합한 이름은 결코 근대적 자기의식도, 프로이트적 무의식도 아니다. 만약 이 사건들의 총체에다 의식이라는 이름을 굳이 붙이고자 한다면, 그것은 객체라 할 수 있는 각각의 사건과 전혀 분간이 안 되는 사건들의 총체로서의 의식, 객체와 분간이 안 된다는 점에서 반성 행위 또한 있을 수 없는 의식, 또 반성 행위가 있을 수 없기에 자기의식 또는 인격이 들어설 여지가 전혀 없는 의식, 요컨대 자기 내재적이며 절대적인 비인격적 순수 의식이라고 할 수 있을 것이다.

바로 이런 비인격적 순수 의식, 비인격적 총체, 즉 잠재적이고 선험적인 사건들의 총체가 들뢰즈가 말하는 내재성의 평면plan d'immanence을 정의해준다. 들뢰즈에 따르면 이 내재성의 평면은 그 자체로 있다. 그것은 어떤 것 속에 있지도 않고, 어떤 것에 대하여 있지도 않으며, 어떤 대상에 의지하지도, 어떤 주체에 속하지도 않는다. 따라서 들뢰즈가 권유하는 것처럼 만약 우리가 내재성의 평면 위에서 산다면, 우리는 각각의 사건과 우리의 존재가 정확하게 일치하는 삶, 그리하여 들뢰즈의 입장에서 말하자면 근대적 인간의 인격적 삶보다 훨씬 더 진실에 가까운 삶을 살게 될 것이다. 그리고 이때 내재성의 평면 위에서 사는 삶, 즉 각각의 사건과 우리의 존재가 정확하게 일치하는 삶은 그 자체로 비인격적 삶이면서 비이성적이고 비합리적인 삶, 말하자면 탈주의 삶이 될 것이다.

앞에서 우리는 인간은 현실적으로 발생한 사건-줄들의 총체이기도 하지만 동시에 잠재적인 사건-줄들, 선험적인 사건-줄들의 총체이기도 하다고 말했다. 여기에서 '동시에'라는 말은 현실적인 사건-줄들의 총체와 잠재적이고 선험적인 사건-줄들의 총체가 존재론적으로 '서로 분간이 안 된다.'는 것을 뜻한다. 말하자면 '동시에'라는 말의 존재론적 표현이 곧 '분간 불가능성'인 것이다. 그렇다면 우리는 인간에 대한 앞의 정의('동시에'를 이용한 정의)를 분간 불가능성의 개념을 이용해서 다음과 같이 존재론적으로 보다 정확하고 세련되게 정의할 수 있을 것이다. 인간은 현실적인 사건-줄들과 분간이 안 되는 잠재적인 사건-줄들의 총체 또는 평면이다. 그런데 들뢰즈의 존재론에서 이 분간 불가능성이라는 개념은 존재론적으로 매우 다양한 의미를 함축하는 핵심적인 개념으로 꼽힌다. 따라서 우리는 방금 새롭게 제시한 인간에 대한 정의를 이 분간 불가능성의 개념을 중심으로 보다 더 구체적으로 음미해 볼 필요가 있다. 이 작업을 통해 우리는 인간이 다음과 같은 존재론적 속성들을 지니고 있음을 알 수 있다.

첫째, 이미 여러 차례 언급했듯이 인간은 주체와 객체가 분간이 안 되는 존재다. 인간이 현실적이면서 잠재적인 사건-줄들의 평면으로 정의되는 한, 마치 종이(평면)와 종이의 주름들(사건-줄들)이 분간이 안 되는 것처럼, 인간 또한 사건-줄들의 총체라 할 평면으로서의 자기 존재(주체)와 사건-줄들(객체)이 서로 분간이 안 되는 존재인 것이다.

둘째, 인간은 잠재의 차원과 현실의 차원을 분간이 불가능한 방식으로 가로지르는 존재다. 앞의 정의를 따라서 인간을 현실적인 사건-줄들과 분간이 안 되는 잠재적인 사건-줄들의 평면이라고 한다면 인간은 이제 현실적이면서 잠재적인 존재 또는 잠재적이면서 현실적인 존재가 된다. 인간은 잠재의 차원과 현실의 차원이, 선험의 차원과 발생의 차원이 분간이 불가능한 방식으로 뒤얽힌 존재인 것이다.

셋째, 인간은 하나와 다수가 분간이 안 되는 존재다. 인간이 이처럼 현실적이면서 잠재적인 사건-줄들의 평면으로 정의되는 한, 인간은 하나로서의 평면이기도 하지만 동시에 다수로서의 사건-줄들이기도 한 것이다.

    넷째, 인간은 절대적으로 긍정적인 존재다. 인간을 정의하는 현실적이면서 잠재적인 사건-줄들의 평면은 내재성의 평면이라는 또 다른 이름을 갖는다. 들뢰즈에 따르면 이 내재성의 평면은 어떤 것 속에 있지도, 어떤 것에 대하여 있지도 않다. 그것은 자기 이외의 그 어떤 대상에도 의지하지 않는 것, 따라서 자기 외적인 요소를 철저하게 배제한 완벽하게 긍정적인 것이다. 그 자체로 있는 내재성의 평면, 다시 말해 인간은 이렇게 해서 그 어떤 부정성도 인내하지 못한다. 인간은 오로지 긍정들만을 지닌 긍정적인 힘인 것이다.

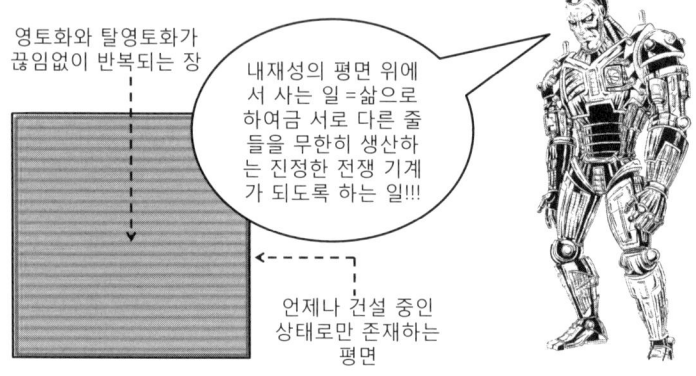

이처럼 사건-줄들의 평면으로 정의된 인간은 이런저런 행위를 통해 평면 위에 줄을 그으면서 평면을 새롭게 만들어간다. 즉 평면을 새롭게 건설해가는 것이다. 평면의 건설이라는 논제는 들뢰즈의 존재론에서 가장 빈번히 등장하는 논제 가운데 하나다. 왜냐하면 들뢰즈는 인간의 모든 행위, 즉 인간의 삶 자체가 곧 사건-줄들의 평면 건설과 다른 것이 아니라고 보기 때문이다. 예를 들어 들뢰즈에 따르면 인간의 사유 행위에는 철학, 과학, 예술이라는 세 종류의 사유 행위가 있으며, 이때 각각의 사유 행위가 자신에게 고유한 평면의 건설에 대응한다. 즉 사유 행위로서의 철학은 개념-줄들의 평면 건설에, 사유 행위로서의 과학은 인과적 지시 관계-줄들의 평면 건설에, 사유 행위로서의 예술은 감각-줄들의 평면 건설에 대응하는 것이다. 행위하는 인간은 이렇게 사건-줄들의 평면 건설과 불가분의 관계에 있다.

  그런데 여기에서 우리는 이 평면의 건설이 결코 일회적 사건이 아니라는 사실에 주의해야 한다. 즉 평면 위에 현실적 줄이 그어짐으로써 어떤 한 평면이 건설되었다면 곧바로 또 다른 현실적 줄이 그어짐으로써 또 다른 평면이 건설되는 것이다. 왜냐하면 존재가 오로지 존재자들을 생산함으로써만 실재적인 생산 역능인 것과 꼭 마찬가지로 사건-줄들의 평면으로 정의된 인간 또한 오로지 현실적인 사건-줄들을 발생시킴으로써만 실재적인 생산 역능이기 때문이다. 따라서 평면 위에 그어진 하나의 어떤 현실적 줄이 점점 더 깊게 패여서 지배적인 권력을 행사하는 일, 그리하여 깊게 패인 이 줄을 중심으로 평면이 굳어지는 일이 없도록 해야 한다. 만약 어떤 한 현실적 줄이 깊게 패여서 지배적인 권력을 행사한다면, 그것은 인격적인 주체가 이성적이고 합리적인 잣대를 가지고서 그 현실적 줄에 가치를 부여했기 때문이다. 사건-줄들의 총체인 평면은 그 위에 줄이 끊임없이 그어짐으로써만 존재하며, 따라서 평면은 언제나 건설 중인 상태로만 존재한다. 그 모습 그대로의 평면이란 바로 이런 것이다. 그런데 이 평면이 인격이라는 그릇 속에 담겨서 이성적이고 합리적인 잣대로 평가되고 재단될 때, 지배적인 권력을 행사하는 줄이 등장하게 되고, 이 줄을 따라서 평면이 이런저런 영토로 분할되는 일(영토화)이 일어난다. 결국 존재론적으로 볼 때, 사건-줄들의 총체, 사건-줄들의 평면인 인간은 이 같이 이런저런 영토로 분할된 평면이 있게 될 경우 그것을 계속해서 흐트러뜨리는 현실적인 사건-줄들(탈영토화)의 발생 공간, 생성 공간이라고 할 수 있다. 또는 사건-줄의 개념 자체를 주목해서 탈영토화의 선, 탈주선이라고도 할 수 있다. 실제로 들뢰즈가 그의 존재론을 통해서 우리에게 말하고 싶었던 것은 사건-줄들의 평면인 인간이, 다시 말해 내재성의 평면인 인간이 서로 다른 줄들을 무한히 생산하는 진정한 기계가 되는 일이었다. 그가 원한 것은 서로 다른 줄들(차이)이라기보다는 차라리 서로 다른 줄들의 생산(차이의 생산)이었던 것이다.

 서로 다른 줄들을 무한히 생산하는 기계! 따라서 만약 우리가 들뢰즈의 의도에 충실히 따른다면 이 표현은 들뢰즈적 인간을 정의하는 또 다른 표현이 될 수 있다. 포스트모더니즘에 속하는 사유자들이 일반적으로 공유하는 논제 가운데 하나가 보편성에 대한 거부다. 이들에 따르면 근대성이 차이를 무시하는 폭력 이데올로기로 발전하게 될 보편성을 중시한다면, 반대로 포스트모더니즘은 보편성 이데올로기를 완강히 거부하며, 따라서 보편성의 폭력으로부터 해방된 차이를 주장한다. 우리는 보편성에 대한 이 같은 거부를 들뢰즈적 인간에게서도 똑같이 발견할 수 있다. 들뢰즈에게 있어서 우리가 내재성의 평면 위에서 산다는 말, 또는 내재적인 삶을 산다는 말은 평면을 이런저런 영토로 분할하는 깊게 패인 줄(보편성)과 전쟁을 벌여서 그 줄에 포획되었던 우리의 삶을 해방시키는 일, 그리하여 우리의 삶을 서로 다른 줄들을 무한히 생산하는 진정한 전쟁 기계가 되도록 하는 일을 말한다.

실제로 인간을 정의하는 사건-줄들의 평면 또는 내재성의 평면은 단 하나의 지류만을 따라 흐르는 일이 결코 없는 분열적 흐름이라고 할 수 있다. 이 분열적 흐름은 한편으로는 자신의 분열 작용을 통해서 어떤 한 지류가 형성되도록 길을 내지만, 다른 한편으로는 이렇게 형성된 지류를 그 바닥에서부터 무너뜨린다. 따라서 이 분열적 흐름은 자신이 길을 낸 하나의 지류에 결코 자신을 가두는 법이 없다. 들뢰즈는 바로 이런 식의 분열적 흐름을 가리켜 특별히 반시대적intempestif이라고 표현한다. 한 시대가 또 다른 시대로, 한 체제가 또 다른 체제로 바뀌는 일이 계속해서 일어난다. 그것은 앞선 시대, 기존의 체제를 무너뜨리는 하부의 분열적 흐름이 언제나 존재하기 때문이다. 바로 이런 의미에서 분열적 흐름은 그 자체가 반시대적 흐름이라고 할 수 있는 것이다. 따라서 우리는 이제 이 모든 것을 고려하면서 분열적 흐름으로서의 인간, 내재성의 평면인 인간을 다음과 같이 새롭게 정의할 수 있을 것이다. 즉 인간은 그 자체가 반시대적 전쟁 기계다.

순수 차이 또는 절대적 차이에 근거한 실천 원칙

 들뢰즈의 이 같은 인간관은 우리로 하여금 자연스럽게 실천의 문제를 생각하게 한다. 그것은 정치와 관련된 실천 문제일 수도 있고, 윤리와 관련된 실천 문제일 수도 있으며, 사회적 모임이나 가족 같은 집단에 관련된 실천 문제일 수도 있다. 하지만 우리는 적어도 실천 문제와 관련해서는 들뢰즈로부터 그 어떤 일반화된 원칙도, 그 어떤 보편적인 해결책도 기대해서는 안 된다. 왜냐하면 개별 사건 속에서 맞닥뜨리게 되는 다양한 실천 문제를 어떤 일반화된 원칙에 비추어서 해결한다는 것은 차이를 무시하는 보편성 이데올로기로, 즉 보편성의 폭력이라는 근대적 폭력으로 자발적으로 되돌아가는 일이기 때문이다. 이뿐만이 아니다. 발견되고 인식된 차이를 배제하거나 뭉개버리는 보편성의 폭력도 문제지만 애초부터 차이를 보지 못하는 보편성의 인식 무능력 또한 문제다. 일반화된 원칙과 그에 따른 보편적인 해결책은 개별 사건 속에서 매 경우마다 차이가 나는 다양한 실천 문제를 결코 정확하게 인식할 수 없다. 왜냐하면 다양한 차이를 인식하기에는 일반화된 원칙이 지닌 인식의 그물망이 너무나도 헐렁하기 때문이다. 즉 차이가 인식되지 못한 채 다 빠져나가버리는 것이다. 이처럼 실천 문제 자체를 정확하게 인식하지 못하는 일반화된 원칙이 실천 문제에 대하여 올바른 답변을 내어놓을 수 없음은 물론이다.

따라서 우리가 들뢰즈의 존재론과 들뢰즈적 인간관을 따를 경우 실천 문제와 관련해서 내놓을 수 있는 원칙이라는 것이 있다면 그것은 결코 일반화된 원칙이 아니다. 그것은, 구체적인 실천 문제에서 매 경우마다 개별 차이의 실존과 발생을 보장해주는 순수 차이 또는 절대적 차이를 겨냥한 원칙일 것이다. 앞에서 우리는 이미 들뢰즈적 인간관이 그리는 삶, 즉 내재성의 평면 위에서 사는 삶 또는 내재적인 삶이란 무엇인지를 보았다. 그것은 평면을 분할하는 깊게 패인 줄로부터 우리를 해방시키는 삶, 그리하여 우리를 서로 다른 줄들을 무한히 생산하는 반시대적 전쟁 기계가 되게 하는 삶이었다. 반시대적 전쟁 기계로서의 삶, 그것은 보다 구체적으로 다음과 같은 모습으로 표현될 수 있을 것이다. 즉 구체적인 실천 문제를 만날 때마다 평면을 이런저런 영토로 분할하는 깊게 패인 줄이 없는지 살펴본 다음, 만약 있다면 그 줄을 지우고 분할된 평면을 흐트러뜨리는 구체적인 방안을 강구하는 삶, 하지만 강구된 이 방안이 평면을 다시 이런저런 영토로 깊게 분할하지 못하도록 해야 하는 삶이 그것이다. 예를 들어 막강한 힘에 의지해서 정치, 경제, 문화적 폭력을 행사하는 강대국(대기업, 지배 집단, 지배자……)의 지배적인 줄, 다시 말해 영토화 정책에 대항해서 각국(중소기업, 피지배 집단, 피지배자……)이 내놓은 탈영토화 정책이 강대국의 것과 마찬가지로 자기의 영향력이 미치는 영역을 힘에 의지해서 재영토화하는 또 다른 지배적인 줄이 되어서는 안 되는 것처럼 말이다. 따라서 이러한 삶의 모습으로부터 우리는 내재성의 평면을 건설하는 일과 관련해서 니체가 말한 영원회귀의 원칙(무엇을 그것의 최상의 형식으로, 즉 n제곱으로 올려놓는 원칙)과도 같은, 일종의 들뢰즈식 최대치 원칙을 소묘할 수 있게 된다. 즉 내재성의 평면을 최대한으로 건설하는 일, 또는 반시대적 전쟁 기계를 최대한으로 작동시키는 일이 우리가 따라야 할 최우선의 원칙이자 유일한 원칙이 되어야 하는 것이다.

이렇게 해서 칸트의 도덕법칙(너의 의지의 준칙이 동시에 보편적인 입법의 원리로서 타당할 수 있도록 행위하라)과 같이, 들뢰즈 또한 실천 문제와 관련해서는 순수하게 형식적인 원칙(내재성의 평면의 건설을 동시에 그 일의 영원회귀를 원하는 방식으로 하라)을 제기하기에 이른다. 하지만 칸트와 들뢰즈 모두가 순수하게 형식적인 법칙과 원칙을 내놓는다고 해서 이 유사함이 양자 간의 결정적인 차이를 가려서는 안 된다. 칸트에 따르면 모든 개별성을 뛰어넘는 순수 보편의 세계 또는 절대적 보편의 세계가 존재하며, 바로 이 절대적 보편의 세계로부터 울려오는 소리에 맞추어 실천할 때 행위의 올바름이 보장된다. 그러나 들뢰즈에게 칸트식의 순수 보편의 세계 또는 절대적 보편의 세계란 있을 수 없다. 설령 있다고 하더라도, 그것은 이미 존재하는 개별 차이들에 인격적 주체가 개입해서 이성적이고 합리적인 방식으로 빚어낸 나중의 허상에 불과한 것이다. 따라서 들뢰즈는 칸트와 정반대로 나아갈 수밖에 없다. 즉 그는 순수 차이의 세계 또는 절대적 차이의 세계에 매달리며, 바로 이 절대적 차이의 세계로부터 실천의 원칙을 찾는 것이다. 비록 그 결과가 칸트의 도덕법칙과 같은 순수하게 형식적인 원칙으로 나타난다고 할지라도 말이다.

요컨대 칸트의 순수하게 형식적인 도덕법칙이 구체적인 모든 개별 내용을 뛰어넘는 순수 보편 또는 절대적 보편에 근거한다면, 들뢰즈의 순수하게 형식적인 실천 원칙은 구체적인 모든 개별 내용을 다 담은 순수 차이 또는 절대적 차이에 근거하는 것이다. 어쨌든 순수하게 형식적이라는 점에서, 따라서 여기에는 그 어떤 구체적 내용도 있을 수 없다는 점에서 들뢰즈의 이 실천 원칙이 공허하고 무의미한 것처럼 보이는 것은 사실이다. 하지만 그렇다고 해서 이 원칙이 이래도 좋고 저래도 좋은 무차별한 원칙, 그냥 아무렇게나 따라도 좋은 쉽고 단순한 원칙은 결코 아니다. 오히려 정반대다. 매 순간 매 경우마다 보편적인 행위가 무엇인지, 지금의 내 행위가 과연 보편적인 행위인지를 따져야 하는 칸트의 도덕법칙과 마찬가지로 이 원칙은 가장 엄격하면서도 가장 준엄한 삶의 원칙이라고 할 수 있다. 왜냐하면 어떻게 해야 하는지를 구체적으로 명시한 일반화된 원칙과 그에 따른 보편적인 해결책을 조건 없이 따르는 일은 차라리 쉽고 단순한 데 반해서, 매 순간 매 경우마다 평면을 분할하는 깊게 패인 줄이 없는지 살피고 그 줄에 대항해서 반시대적 전쟁 기계를 최대한으로 작동시키는 일은 끊임없는 숙고와 고뇌를 요구하는 지극히 엄격하며 준엄한 과정이기 때문이다.

3. 사건

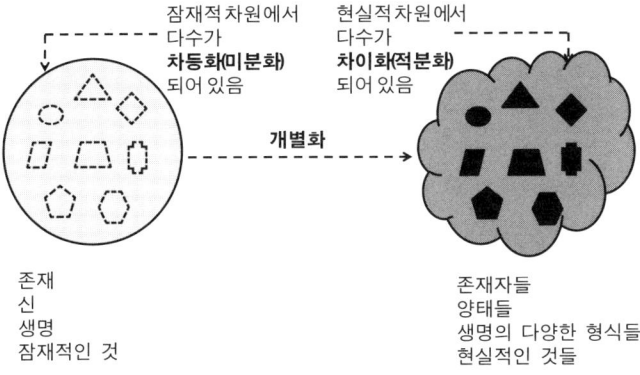

앞에서 우리는 세계와 인간이 사건-줄들의 평면으로 고려될 수 있다고 하였다. 존재, 신, 생명, 잠재적인 것 그리고 인간까지 모두가 다 사건-줄들의 평면, 따라서 사건들이 발생하는 장場인 것이다. 그렇다면 우리가 다루어야 할 다음 단계의 물음은 자연스럽게 '어떻게'에 관한 물음, 즉 이와 같은 사건의 발생의 장에서 사건이 과연 어떻게 발생하느냐에 관한 물음이 된다. 우리는 묻는다. 들뢰즈의 일의적 세계에서는 사건이 어떻게 발생하는가? 이 물음에 대한 들뢰즈의 답변은 놀랍게도 무척이나 단순하다. 그에게 있어서 사건의 발생 논리는 다음과 같다. 개별個別-차등/이화差等/異化indi-différent/ciation.

들뢰즈의 일의적 세계에서 사건이 발생한다는 것은 무엇보다도 잠재적인 것으로부터 현실적인 것들로 이동한다는 것을 뜻한다. 사건의 발생 논리는 바로 이 이동의 논리인 것이다. 따라서 들뢰즈의 일의적 세계에서 사건의 발생 논리가 특별히 '개별-차등/이화'라는 이름을 갖는다면, 그것은 이 이름이 이동의 과정인 개별화 과정을 담고 있을 뿐 아니라, 이동의 출발점인 잠재적인 것의 상태와 종착점인 현실적인 것들의 상태까지, 다시 말해 이동의 전후 상태까지 모두 다 담고 있기 때문이다.

먼저 이동의 과정인 개별화 과정부터 보자. 이동의 출발점인 잠재적인 것은 우리가 앞에서 줄곧 이야기해온 것처럼 하나이지만 또한 다수이기도 하다. 이때의 다수는 물론 잠재적 차원에서의 다수다. 한편 이동의 종착점인 현실적인 것들 또한 분명히 다수다. 이때의 다수는 물론 현실적 차원에서의 다수다. 따라서 잠재적인 것으로부터 현실적인 것들로 나아가는 이동은 잠재적 다수와 현실적 다수 사이의 일대일 대응 관계에 근거한 이동이 된다. 즉 개별화個別化individuation란 보다 정확하게 말해 잠재적 다수 하나하나가 각자에 대응하는 현실적 다수 하나하나로 이동하는 것을 말한다.

다음으로 이동의 출발점인 잠재적인 것의 상태를 보자. 방금 우리는 개별화 과정을 거론하면서 잠재적 다수에 대하여 이야기했다. 이 잠재적 다수라는 말은 마치 씨앗과도 같은 다수가 잠재적 차원 속에 존재한다는 것을 뜻한다. 들뢰즈에 따르면 잠재적인 것은 물론 그 자체로 하나임이 분명하다. 하지만 잠재적인 것은 또한 잠재적 다수가 다수 자신에게 고유한 관계들relations(현실적 차원의 질質에 대응하는 것)과 특이성들singularités(현실적 차원의 연장延長에 대응하는 것) 아래 결정되어 있는 것이기도 하다. 다시 말해 현실적 질에 논리적으로 앞서는 잠재적 관계들, 현실적 연장에 논리적으로 앞서는 잠재적 특이성들 아래 잠재적 다수가 결정되어 있는 것이다. 들뢰즈는 잠재적 차원에서 다수가 이처럼 잠재적 관계들 아래 결정되어 있음을 가리켜 상호적으로réciproquement 결정되어 있다고, 또 다수가 잠재적 특이성들 아래 결정되어 있음을 가리켜 완벽하게complètement 결정되어 있다고 표현한다. 이렇게 본다면, 잠재적 다수는 결코 이래도 좋고 저래도 좋은 무차별적인 다수가 아니다. 비록 현실적 질과 연장을 결여하고 있지만, 그럼에도 불구하고 잠재적 다수는 현실적 다수 못지않게 상호적으로 완벽하게 결정되어 있다. 이동의 출발점인 잠재적인 것은 이처럼 상호적으로 완벽하게 결정된 잠재적 다수, 그리하여 현실적 질과 연장 아래 온전하게parfaitement 결정된 현실적 다수보다 논리적으로 앞섬으로써 그것들 하나하나에 대하여 잠재적

씨앗의 역할을 하는 그런 잠재적 다수로 이루어져 있는 것이다. 잠재적인 것의 이러한 상태를 가리켜서 들뢰즈는 잠재적 차원 속에서 다수가 차등화差等化différentiation(또는 수학적으로 말할 경우에는 미분화微分化)되어 있다고 말한다.

마지막으로 이동의 종착점인 현실적인 것들의 상태는 다음과 같다. 현실적 차원에서 각각의 현실적 다수는 다수 자신에게 고유한 현실적 질과 연장 아래 결정되어 있다. 들뢰즈는 현실적 다수가 이와 같이 결정되어 있는 것을 가리켜서 특별히 현실적 차원에서 다수가 온전하게 결정되어 있다고 표현한다. 따라서 현실적 다수의 씨앗과 같은 역할을 하는 잠재적 차원 속의 다수와 달리, 현실적 차원 속의 다수는 현실적 질과 연장이 입혀진 다수, 현실화actualisation 또는 육화肉化incarnation의 과정을 거친 다수라고 할 수 있다. 현실적인 것들의 이러한 상태를 가리켜서 들뢰즈는 현실적 차원 속에서 다수가 차이화差異化différenciation(또는 생물학적으로 말할 경우에는 분화分化, 수학적으로 말할 경우에는 적분화積分化)되어 있다고 말한다.

앞에서 우리는 들뢰즈의 일의적 세계에서 사건의 발생 논리에 합당한 이름은 이동의 과정은 물론이고, 이동의 출발점인 잠재적인 것의 상태와 이동의 종착점인 현실적인 것들의 상태까지 모두 다 자신 속에 담고 있는 이름이어야 한다고 했다. 그렇다면 사건의 발생 논리는 이제 자연스럽게 다음과 같은 명칭상의 조합을 자신의 이름으로 갖게 된다. 즉 사건의 발생 논리는 이동의 과정인 개별화, 잠재적인 것의 상태인 차등화 그리고 현실적인 것들의 상태인 차이화를 모두 자신 속에 담고 있는 이름, 곧 '개별화+차등화+차이화'를 뜻하는 '개별-차등/이화'라는 이름을 갖게 되는 것이다.

미분 = 잘게 쪼개기

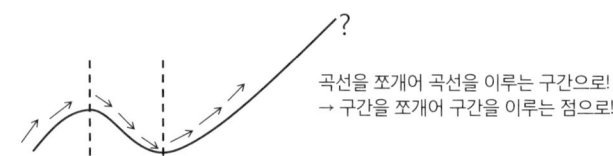

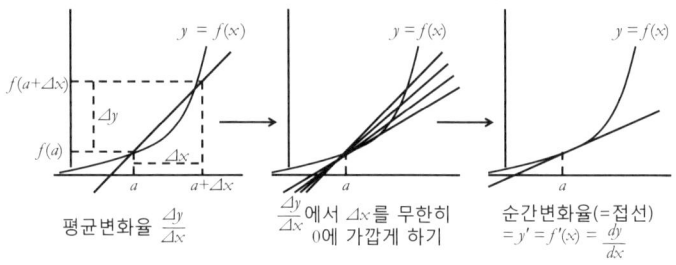

하지만 차등화, 차이화라는 말은 여전히 낯설기만 하고, 또 차등화와 차이화 사이의 상관관계 또한 분명치가 않다. 차등화와 차이화 사이의 상관관계에 대하여 우리가 지금 알고 있는 것은 잠재적 다수를 결정하는 관계들과 특이성들이 현실적 다수를 결정하는 현실적 질과 연장에 대응한다는 사실뿐이다. 따라서 우리는 계속해서 물을 수밖에 없다. 잠재적 차원 속에서 다수가 차등화되어 있다는 것은 정확하게 무슨 뜻일까? 또는 잠재적 차원 속에서 다수가 현실적 질에 논리적으로 앞서는 관계들(따라서 잠재적으로 미리 질을 결정하는 관계들) 아래 상호적으로 결정되어 있다는 것과, 현실적 연장에 논리적으로 앞서는 특이성들(따라서 잠재적으로 미리 연장을 결정하는 특이성들) 아래 완벽하게 결정되어 있다는 것은 무슨 뜻일까? 그리고 현실적 차원 속에서 다수가 차이화되어 있다는 것은 정확하게 무슨 뜻일까? 또는 현실적 차원 속에서 다수가 현실적 질과 연장 아래 온전하게 결정되어 있다는 것은 무슨 뜻일까?

이와 같은 물음에 답변하기 위해 들뢰즈가 종종 기대는 것이 수학, 그 가운데서도 특히 미적분이다. 앞에서 우리는 이미 차등화는 수학적으로 말할 경우 미분화의 의미를 가지며, 차이화는 수학적으로 말할 경우 적분화의 의미를 가진다고 했다. 따라서 수학 용어로 표현할 경우 사건의 발생 논리는 개별-차/등이화라는 이름에 더하여 지극히 수학적인, 다음과 같은 새로운 이름을 갖게 된다. 개별-미/적분화.

우선 차등화의 의미를 분명히 하는 일, 즉 미분화의 의미를 분명히 하는 일부터 시작해보자. 수학적으로 미분이란 무엇을 말하는가? 직선을 수학적으로 이해하는 것은 쉬운 일이다. 직선은 대부분의 경우 그 길이로 이해가 가능하기 때문이다. 그렇다면 곡선은 어떤가? 예를 들어 얼굴의 옆모습을 구현한 실루엣은 수학적으로 어떻게 이해할 수 있을까? 또 자동차의 모양을 그리는 부드러우면서도 매끈한 곡선은 수학적으로 어떻게 이해할 수 있을까?

곡선을 이해하기 위한 수학자들의 방법은 미분, 즉 잘게(微) 쪼개기(分)였다. 즉 상승과 하강을 반복하는 곡선을 한꺼번에 이해하기 힘드니까 곡선을 잘게 쪼갠 다음 각 구간의 성격을 수학적으로 파악하자는 것이었다. 구간마다 다르게 나타나는 급격하게 상승하는 곡선, 완만하게 상승하는 곡선, 수평을 이루는 곡선, 완만하게 하강하는 곡선, 급격하게 하강하는 곡선…… 이런 식으로 말이다. 이렇게 해서 곡선의 각 구간의 수학적 성격이 그 구간에 해당하는 평균기울기 또는 평균변화율로 규정될 수 있었고, 또 이렇게 규정된 구간들을 모두 다 더함으로써 곡선 전체의 수학적 성격을 대략적으로나마 파악할 수 있게 된 것이다.

그럼 이제 여기에서 멈추지 않고 곡선을 보다 더 정확하게 이해하기 위해 구간을 계속해서 잘게 쪼개보자. 그 결과는 무엇일까? 점들이다. 즉 구간을 이루는 무수히 많은 점이다. 그렇다면 구간을 이루는 점들은 수학적으로 다 같은 점들일까? 그렇지 않다. 적어도 점들이 곡선 모양의 구간을 이루는 점들인 한, 곡선 위에 위치한 점들의 수학적 성격은 서로 다를 수밖에 없다. 왜냐하면 곡선을 이루는 구간들의 수학적 성격이 각 구간의 평균기울기 또는 평균변화율에 따라 서로 달랐던 것과 마찬가지로, 점들 또한 각 점이 자리 잡고 있는 곡선의 순간적 상승 또는 하강 정도에 의해 결정되는 순간기울기 또는 순간변화율에 따라 수학적 성격이 다르기 때문이다. 곡선을 이루는 점들은 얼핏 보면 다 같은 점들로 보이지만 점들의 순간변화율은 이처럼 무척이나 다양한 것이다.

그리고 이러한 사실로부터 마침내 곡선을 수학적으로 이해하는 일이 가능해진다. 우리가 잘게 쪼개기를 통해서 곡선 위 어느 한 점의 성격을 수학적으로 이해할 수 있었다면, 수학적으로 이해된 이 점들을 모두 더할 경우, 궁극적으로 우리는 이렇게 더해진 점들의 모임을 가지고서 곡선 전체의 성격을 수학적으로 이해할 수 있게 될 것이기 때문이다. 이처럼 곡선을 구간으로, 구간을 점으로 잘게 쪼개는 미분은 곡선의 수학적 성격을 이해할 수 있는 길을 마련해준다. (한편 곡선을 이루는 점들의 수학적 성격, 즉 순간변화율은 곡선 위에서 그 점에 접하는 접선으로 표현될 수 있다. 곡선을 이루는 어떤 한 구간의 수학적 성격(평균변화율)이 직선으로 표현되는 것처럼, 곡선을 이루는 어떤 한 점의 수학적 성격(순간변화율) 또한 직선으로 표현된다. 다만 점의 경우에는 구간 자체가 이미 점으로 축소된 상태기 때문에 점의 수학적 성격을 나타내는 직선이 곡선 위의 바로 그 점에 접하는 접선으로 표현될 뿐이다. 실제로 뉴턴이 시기적으로 조금 먼저 변화율의 개념으로 미분에 접근한 반면, 라이프니츠는 곡선상의 접선의 개념으로 미분에 접근하였다.)

그렇다면 곡선의 수학적 성격을 이해할 수 있는 길을 열어주는 미분은 구체적으로 어디에 쓰일까? 예를 들어 곡선으로 이루어진 조형물 또는 나사 등을 기계가 대량으로 깎는 경우를 생각해보자.

우리가 원하는 모습 그대로 결과물을 얻기 위해서는 기계가 조형물이나 나사의 곡선을 정확하게 이해하고 있어야 한다. 당연한 이야기지만 이를 위해 우리가 기계에게 우리의 언어로 이렇게 깎아라, 저렇게 깎아라 말할 수는 없다. 결국 기계가 스스로 알아서 재단하고 깎을 수 있도록 기계가 이해할 수 있는 언어, 즉 수학적 언어로 곡선의 성격을 기계에게 알려주는 수밖에 없다. 기계가 이해할 수 있도록 곡선을 수학적 언어로 표현하기? 바로 미분이 무대에 등장하는 순간이다.

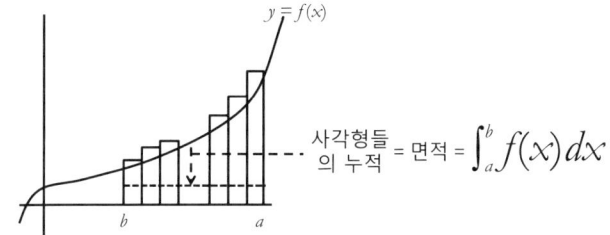

다음으로 적분이란 무엇일까? 적분에서 적積은 모은다는 뜻, 분分은 잘게 쪼갠다는 뜻으로, 적분이란 잘게 쪼갠 것들, 즉 미분한 것들을 다시 하나로 모은다는 뜻이다. 우리는 적분을 통해 곡선으로 이루어진 도형의 면적과 입체물의 부피를 구할 수 있는데, 그 기본 원리는 다음과 같다.

먼저 우리가 앞에서 미분을 이야기할 때 했던 것처럼 곡선으로 이루어진 어떤 도형을 잘게 쪼개면 그 도형을 어느 정도 직선화할 수 있게 된다. 즉 곡선으로 이루어진 도형을 작은 사각형들의 모임으로 바꿀 수 있는 것이다. 그리고 이렇게 직선화하여 얻은 작은 사각형들의 면적을 계산하여 모두 더하면 결과적으로 곡선으로 구성된 원래 도형의 면적을 구할 수 있게 된다. 물론 이렇게 해서 얻은 도형의 면적은 대략의 면적이지 정확한 면적은 아닐 것이다. 하지만 이러한 면적 계산 방식을 극한(∞)에 이르도록 적용할 경우에는 이야기가 달라진다. 즉 이러한 방식을 말 그대로 극한에 이르도록 적용할 경우, 우리는 어떤 한 도형의 면적이란 폭이 없는 선들의 모임, 어떤 한 입체물의 부피란 두께가 없는 면들의 모임이라는 결론에 도달하게 되는 것이다. 따라서 이러한 논리 아래 우리는 이제 어떤 한 도형과 입체물의 대략의 면적과 부피가 아닌 정확한 면적과 부피를 구할 수 있게 된다. 예를 들어 어떤 함수($y=f(x)$)가 그리는 곡선과 x축, y축으로 이루어진 도형의 면적을 구하고자 할 경우, 그 도형을 되도록 잘게 쪼개어서 작은 사각형들의 모임으로 바꾼 다음, 그 작은 사각형들의 면적(가로×세로)을 모두 더하면, 우리는 약간의 오차는 있겠지만 어쨌든 전체 도형의 면적을 구할 수 있을 것이다. 그런데 만약 이 사각형들의 가로가 무한히 작아지도록 극한의 개념을 도입하여 계속해서 잘게 쪼갠다면(즉 수학적으로 말해 미분한다면), 너무나 작아져서 말 그대로 무한히 가는 선에 근접한 작은 사각형들이 나오게 될 것이고, 이때 무한히 가는 선에 근접할 만큼 작아진 이 사각형들의 면적을 모두 다 더하면(즉 수학적으로 말해 적분하면),

궁극적으로 우리는 해당 도형의 전체 면적을 정확하게 계산할 수 있게 된다. 이처럼 적분은 잘게 쪼개진 것들을 다시 더하는 일을 함으로써 우리로 하여금 곡선으로 이루어진 도형의 면적과 입체물의 부피를 알 수 있도록 해준다. (정적분定積分은 정해진 특정 구간을 대상으로 정확한 면적과 부피를 구하는 것을, 부정적분不定積分은 면적과 부피의 계산(정적분)을 가능케 하는 함수를 구하는 것을 말한다. 이때 부정적분을 통해 구한 함수를 원함수라고 한다.)

잘게 쪼개는 미분과 잘게 쪼개진 것들을 다시 모으는 적분. 그렇다면 우리는 미분과 적분이 서로에 대해 역방향의 상보 관계를 이루고 있다는 것을 알 수 있다. 앞에서 예로 든 경우를 가지고 말한다면 이 둘의 상보 관계는 다음과 같이 이야기될 수 있을 것이다. 곡선의 수학적 성격을 파악하기 위해 미분이 곡선을 점에 이를 때까지 잘게 쪼개는 일을 한다면, 적분은 이렇게 잘게 쪼개져서 생긴 점들을 다시 모으는 일을 한다. 또 곡선으로 이루어진 도형의 면적을 구하기 위해 미분이 도형을 선이 될 정도로 작은 사각형들로 잘게 쪼개는 일을 한다면, 적분은 이렇게 선이 될 정도까지 작아진 사각형들을 다시 모으는 일을 한다. 요컨대 미분이 잘게 쪼개는 것이라면 적분은 잘게 쪼개진 것들을 다시 모으는 것이다. (수학적으로 이 상보 관계는 다음과 같이 이야기된다. 원함수 $f(x)$를 미분한 결과가 도함수 $f'(x)$라면, 바로 이 도함수 $f'(x)$를 적분하면 원함수, 즉 미분하기 이전의 함수 $f(x)$가 된다.)

우리가 지금까지 간략하게나마 미적분을 거론해야만 했던 이유는, 들뢰즈가 잠재적 다수를 차등화된 다수, 현실적 다수를 차이화된 다수라고 할 때, 바로 이 차등화와 차이화가 수학적으로 미분화와 적분화에 해당하기 때문이었다. 실제로 들뢰즈는 차등화와 차이화에 대해 설명하면서 자주 미분과 적분에 의존했다.

한편 우리가 수학의 미적분에 대한 앎으로부터 출발해서 답해야 할 물음은 다음의 세 가지였다. 잠재적 차원 속에서 다수가 차등화되어 있다는 것은 무슨 뜻일까? 현실적 차원 속에서 다수가 차이화되어 있다는 것은 무슨 뜻일까? 차등화와 차이화 사이의 상관관계는 무엇일까?

이 세 물음에 답하기 위해서는 수학의 미분과 적분으로부터 들뢰즈가 읽어낸 존재론적 의미, 그리고 미분과 적분 사이의 상보관계에 대한 들뢰즈의 존재론적 해석을 먼저 알아야 한다.

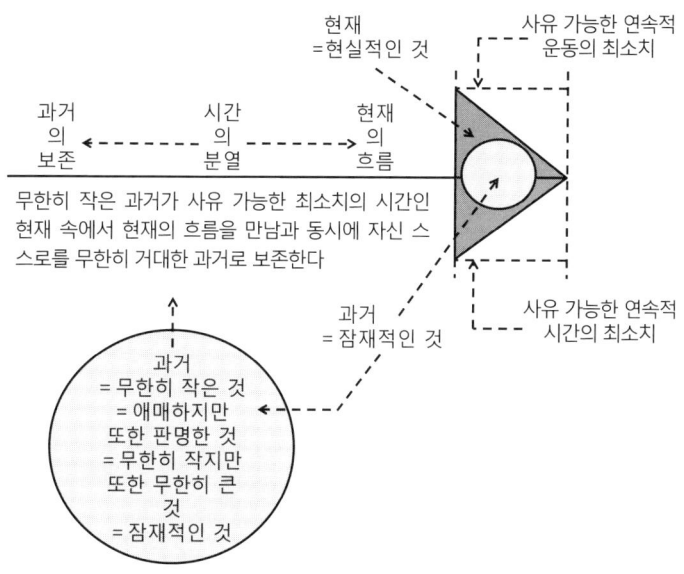

앞에서 이미 보았듯이 미분이란 잘게 쪼개기를, 적분이란 잘게 쪼개진 것들을 다시 모으기를 말한다. 들뢰즈는 잘게 쪼개는 것을 존재론적으로 잠재적 차원 속에 들어가는 것으로, 잘게 쪼개진 것들을 다시 모으는 것을 존재론적으로 현실적 차원 속에 들어가는 것으로 해석한다. 즉 미분의 존재론적 의미가 잠재적 차원 속에 들어가기요, 적분의 존재론적 의미가 현실적 차원 속에 들어가기인 것이다. 미적분에 대한 들뢰즈의 이 같은 존재론적 해석을 이해함에 있어서 우리를 도와주는 안내자 역할을 할 전형적인 한 예가 있다. 그것은 시간의 분열에 관한 베르그손-들뢰즈의 독특한 논의다.

　베르그손-들뢰즈에 따르면 시간은 과거와 현재라는 서로 반대되는 방향의 두 경로를 따라 자기 자신과의 차이를 낳으면서 나아간다. 한편으로는 스스로 보존되는 과거를 향해 나아가고, 동시에 다른 한편으로는 흐르는 현재를 향해 나아가면서 시간 스스로가 분열 운동을 하는 것이다. 마치 존재가 잠재적인 것을 향해 나아가는 용해 운동과 현실적인 것들을 향해 나아가는 생산 운동으로 분열되는 단 하나의 이중운동인 것처럼 말이다. (사실 이로부터 우리는 들뢰즈에게 있어서 시간은 존재의 또 다른 이름에 해당한다는 것을 어렵지 않게 예측할 수 있다.)

　그럼 분열 운동의 양극단으로 있는 과거와 현재 가운데 먼저 현재를 보도록 하자. 현재는 흐른다. 다시 말해 현재는 언제나 새롭게 변화한다. 또한 현재는 현실적이다. 현재는 그것이 아무리 짧은 구간의 시간이라 할지라도 그에 대한 현실적 사유가 가능하다는 점에서 그 자체가 현실적인 것이다. 현재에 대한 현실적 사유의 가능성은 다음과 같이 설명될 수 있다. 방금 우리는 시간을 한편으로는 과거를 향해 나아가지만 또 다른 한편으로는 현재를 향해 나아가는 운동이라고 했다. 이 양방향의 운동 가운데 단지 현재를 향한 운동만을 따로 떼어서 시간을 고려한다면, 시간은 이제 현재를 향해 나아가는 연속적인 운동처럼 정의될 수 있다. 오로지 현재만을 향해 끊임없이 뻗어나가는 운동, 이것이 곧 시간인 것이다. 그렇다면 이때 현재는 어떻게 되는가? 현재는 과연 무엇으로 정의될 수 있는가? 이 경우 현재는 현재를 향해 나아가는 연속적인 운동의 맨 끝부분에 해당하는 운동이되 현실적으로 사유가 가능한 최소치의 운동이다. 또는 시간의 개념으로 표현할 경우, 이 경우 현재는 현재를 향해 나아가는 연속적인 시간의 맨 끝부분에 해당하는 시간이되 현실적으로 사유가 가능한 최소치의 시간을 말한다. 끊임없이 뻗어나가는 운동 또는 끊임없이 뻗어나가는 시간의 맨 끝부분에 해당하는 현재는 그것이 아무리 짧은 구간의 운동 또는 시간이라 할지라도 이처럼 현실적으로 사유가 가능하다. 존재론적으로 볼 때, 현실적인 것들이 현실적인 이유는 무엇보다도 먼저 그것들이 잠재적인 것이 가지고 있지 못한 현실적 질과 연장을 가지고 있기 때문이다. 마찬가지로 현재가 현실적인 이유 또한 무엇보다도 그것이 현실적으로 사유가 불가능한 과거와 달리 사유가 가능하기 때문이다. 흐르는 현재, 언제나 새롭게 변화하는 현재는 이처럼 그 자체가 현실적인 것이다.

그런데 바로 이 현실적으로 사유 가능한 연속적인 운동의 최소치보다 더 작은 운동 속에, 현실적으로 사유 가능한 연속적인 시간의 최소치보다 더 작은 시간 속에 존재하는 순간적인 운동, 순간적인 시간이 있다. 즉 무한하게 작은 운동, 무한하게 작은 시간이 존재하는 것이다. 이 무한하게 작은 순간적인 것은 우선 애매한obscur 것이다. 왜냐하면 그것은 현실적으로 사유가 가능한 최소치의 운동과 시간보다 훨씬 더 작은 운동과 시간이라는 점에서 현실적으로는 결코 사유가 안 되는 것이기 때문에, 다시 말해 그것은 너무나도 작아 현실적 질과 연장을 부여하는 명석한clair 개념들로 만든 헐렁한 그물을 가지고서는 도저히 잡을 수가 없는 것이기 때문이다. 사실 일상의 삶 속에서 우리 또한 이성이 개념을 동원해서 잡아내기 힘든 작은 운동, 작은 시간을 가리켜서 종종 순간적인 것, 찰나刹那의 것이라고 표현하며 그 애매함을 호소하고 있지 않은가! 하지만 이 무한하게 작은 순간적인 것은 그 자체가 또한 판명한distinct 것이기도 하다. 왜냐하면 그것이 비록 명석한 개념들로 만든 헐렁한 그물을 다 빠져나갈 정도로 무한하게 작은 애매한 것이기는 하지만, 그럼에도 불구하고 그것은 이래도 좋고 저래도 좋은 그런 무차별적으로 불분명한 것이 아니라 그 애매함 속에서도 무언가 자신과 다른 것으로부터 분명히 구분될 수 있도록 엄격하게 결정된 것이기 때문이다. 예를 들어 우리도 일상의 삶을 살면서 어떤 사람이 가진, 도저히 개념을 통해서는 설명이 안 될 정도로 애매하지만 그를 다른 이들과 분명히 구분시켜주는 그 사람만의 독특한 성격이나 취향을 종종 만나고 있지 않은가! 그 차별화된 애매함을 가리켜 우리가 그 사람 참으로 독특하다고, 사차원적이라고 또는 그 무엇이라고 표현하든 상관없이 말이다. 요컨대 무한하게 작은 순간적인 것은, 서로 반대되는 것으로 보이는 두 단어를 조합해서 이상하게 보이는 것이 사실이지만, 그 자체로 애매한 것이면서 또한 판명한 것이다. 지금 우리가 현실적 사유가 불가능한 차원, 다시 말해 개념 바깥의 차원, 이성을 벗어난 차원 속에 들어와 있다는 것을 고려한다면, 사실 이 애매-판명 또는 판명-애매라는 역설적인 조합도 그리 이상한 것은 아니겠지만 말이다.

바로 이 무한하게 작은 순간적인 것, 현실적으로는 도저히 사유가 불가능한 것, 개념 바깥의 것, 애매하면서도 판명한 것이 베르그손-들뢰즈가 말하는 과거요 잠재적인 것이다. 이렇게 볼 때, 베르그손-들뢰즈에게 있어서 과거 또는 잠재적인 것은 무엇보다도 먼저 그 자체가 무한하게 작은 순간적인 것임이 분명하다. 그러나 이 무한하게 작은 순간적인 과거 또는 잠재적인 것은, 서로 반대되는 것으로 보이는 두 단어의 조합을 다시 만나게 되어 당혹스럽기는 하지만, 그 자체로 무한하게 큰 것, 따라서 거대한 과거, 거대한 잠재적인 것이기도 하다. 마치 라이프니츠의 세계관에서 세계를 이루는 최소의 구성단위인 단자單子monade가 그 자신만을 놓고 볼 때는 가장 작은 것이지만 동시에 세계 전체를 단자 자신 속에 담고 있는 것처럼 말이다. 라이프니츠의 단자가 세계 전체를 단자 자신 속에 담을 수 있는 이유는 단자가 그 어떤 연장 속성도 가지고 있지 않은 정신적인 것이기 때문이다. 즉 태초부터 존재하는 정신적 설계도들의 집약체, 정신적 주름들의 복합체와도 같은 단자, 따라서 자신 속에 그 어떤 연장 속성도 지니지 않은 단자이기 때문에, 극히 역설적이게도, 비록 단자 자신은 연장 자체가 없는 가장 작은 것임에도 불구하고, 연장 속에서 정신적 설계도가 현실화된 모든 세계, 연장 속에서 주름이 펼쳐진 모든 세계를 단자 자신 속에 담을 수 있는 것이다. 이런 맥락은 베르그손-들뢰즈에게도 똑같이 적용된다. 즉 과거 또는 잠재적인 것은 말 그대로 미분한 것, 무한하게 잘게 쪼개어서 현실적으로는 도저히 사유가 건드릴 수 없는 순간적인 찰나의 것, 따라서 운동이라 할 것도 없고 시간이라 할 것도 없는 그런 운동이요 시간이기 때문에, 극히 역설적이게도, 비록 과거 또는 잠재적인 것은 그 무엇보다도 작은 운동이요 시간임에도 불구하고, 우리가 사유를 통해 도달할 수 있는 그 무엇보다도 큰 운동과 시간을 자기 자신 속에 담을 수 있다. 요컨대 과거 또는 잠재적인 것은 사유 가능한 연속적인 운동의 최소치보다 더 작은 운동이지만, 동시에 사유 가능한 연속적인 운동의 최대치보다 더 큰, 가장 큰 운동이기도 하다. 또는 그것은 사유 가능한 연속적인 시간의 최소치보다 더 작은 시간이지만, 동시에 사유 가능한 연속적인 시간의 최대치보다 더 큰, 가장 큰 시간이기도 하다. 따라서 우리가 베르그손-들뢰즈의 논의를 따를 때, 그 무엇보다도 큰 거대 과거가 그 무엇보다도 작은 순간적인 것 속에서 거대 과거 스스로를 보존한다는 말은 참으로 역설적이지만 또한 참으로 당연한 말이 된다. 베르그손-들뢰즈에게 있어서 무한하게 작은 순간적인 과거가 현재 속에서 변화하는 현재의 흐름과 끊임없이 만남과 동시에 또한 이미 보존된 모든 것과 지금 보존되고 있는 모든 것을 집약하면서 자신 스스로를 무한하게 거대한 과거로 보존하는 것은 이 때문이다.

들뢰즈가 미분과 적분에서 읽어낸 존재론적 의미

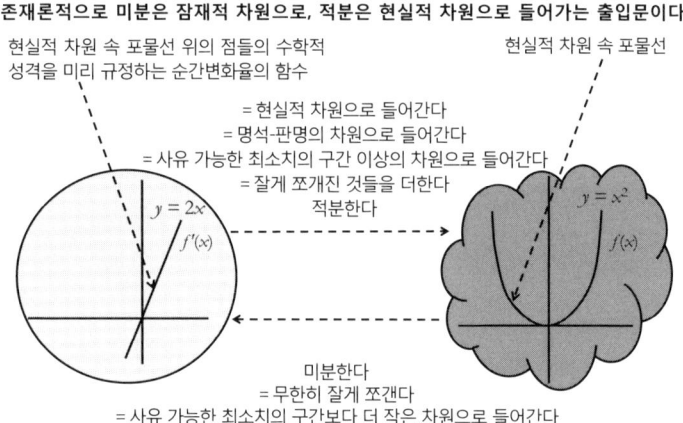

시간의 분열에 관한 베르그손-들뢰즈의 이 같은 논의로부터 우리는 들뢰즈가 미분과 적분에 존재론적으로 어떤 의미를 부여하는지, 또 미분과 적분 사이의 상보 관계를 존재론적으로 어떻게 해석하는지 알 수 있다.

이 논의에 따르면 현재와 과거는 다음과 같이 구분된다. 먼저 현재는 사유 가능한 연속적인 운동(또는 시간)의 최소치에 해당한다는 점에서 그것이 아무리 짧은 구간의 운동이라 할지라도 그것에 대한 현실적 사유가 가능하다. 반면에 과거는 현재보다 더 작은 운동 속에 존재하는 순간적인 운동, 무한하게 작은 운동이라는 점에서 그것에 대한 현실적 사유가 불가능하다. 존재론적으로 볼 때, 현실적인 것들은 현실적 질과 연장을 가진다는 점에서 그것들에 대한 현실적 사유가 가능한 반면, 잠재적인 것은 현실적 질과 연장을 결여한다는 점에서 그것에 대한 현실적 사유가 불가능한 것과 마찬가지로 말이다. 또 현재는 개념을 통한 이성적 설명이 가능하다는 점에서 명석하고, 또 이렇게 개념을 통해 설명된 현재들이 그것들 간에 서로 분명히 구분된다는 점에서 판명한 반면, 과거는 개념들의 헐렁한 그물을 다 빠져나갈 정도로 무한히 작다는 점에서 애매하되, 그렇다고 해서 그것이 무차별적으로 불분명한 것이 아니라 그 애매함 속에서도 과거들이 그것들 간에 서로 분명히 구분된다는 점에서 판명하다. 존재론적으로 볼 때, 현실적인 것들은 명석-판명한 차원을 가리키는 반면, 잠재적인 것은 애매-판명한 차원을 가리키는 것과 마찬가지로 말이다. 그리고 현재는 사유 가능한 연속적인 운동(또는 시간)의 최소치라는 점에서 그 자체가 단순하게 작은 운동인 반면, 과거는 바로 이 사유 가능한 연속적인 운동의 최소치보다 더 작은 운동, 따라서 운동이라 할 것도 없는 그런 운동이라는 점에서 역설적이게도 그것은 무엇보다도 작은 운동이면서 또한 사유 가능한 연속적인 운동의 최대치보다 더 큰 운동이기도 하다. 존재론적으로 볼 때, 현실적인 것들이 현실적 질과 연장을 가진다는 점에서 삼차원의 공간 속에서 단순하게 결정된 것들인 반면, 잠재적인 것은 현실적 질과 연장을 결여한다는 점에서 현실적인 것들 가운데 가장 작은 것보다 더 작은 것이지만 또한 동일한 이유로 해서 현실적인 것들 가운데 가장 큰 것보다 더 큰 것이기도 한 것과 마찬가지로 말이다.

 현재와 과거가 이렇게 구분된다고 할 때, 그렇다면 우리는 과연 어떻게 현재에서 과거로, 현실적인 것들에서 잠재적인 것으로, 사유 가능한 최소치의 구간에서 그보다 더 작은 구간의 차원으로 들어가는 걸까? 그것은 당연히 무한하게 잘게 쪼개기를 통해서다. 시간의 분열의 예가 분명하게 보여주고 있듯이 현재, 즉 사유 가능한 연속적인 시간의 최소치를 무한하게 잘게 쪼갤 때 비로소 우리는 과거, 즉 사유 가능한 연속적인 시간의 최소치보다 더 작은 순간적인 시간 속으로 들어갈 수 있는 것이다. 그런데 이처럼 무한하게 잘게 쪼개기는 수학적으로 말하면 미분이다. 실제로 예를 들어 우리는 원함수 $y=x^2$이 그리는 포물선의 수학적 성격을 알기 위하여 포물선을 무한하게 잘게 쪼개는 작업을 한 다음, 그 결과물인 점들을 대상으로 그것들의 수학적 성격을 규정하는 도함수 $y=2x$에 도달한다. 이 경우 도함수 $y=2x$가 그리는 오른쪽으로 기울어진 직선은 원함수 $y=x^2$이 그리는 포물선 위의 각 점의 수학적 성격, 즉 각 점의 순간기울기 또는 순간변화율을 규정한다. 존재론적으로 볼 때, 잠재적인 것이 현실적인 것들을 미리 규정하는 선험적인 차원으로 작용하는 것과 마찬가지로 말이다. 따라서 우리는 시간의 분열에 관한 베르그손-들뢰즈의 논의를 근거로 해서 들뢰즈가 미분에 존재론적으로 어떤 의미를 부여하는지 알게 된다. 그것은 한마디로 미분은 우리로 하여금 현실적 차원에서 잠재적 차원으로 들어가도록 해주는 출입문의 역할을 한다는 것이다.

그렇다면 우리는 이러한 사실로부터 들뢰즈가 적분에서 읽어낸 존재론적 의미 또한 어렵지 않게 알 수 있다. 이미 우리는 미분과 적분이 서로에 대해 역방향의 상보 관계를 이룬다는 것을 알고 있다. 그것은 원함수 $f(x)$를 미분한 결과가 도함수 $f'(x)$라면, 바로 이 도함수 $f'(x)$를 적분하면 원함수, 즉 미분하기 이전의 함수 $f(x)$가 된다는 것이었다. 앞에서 예로 든 경우를 가지고서 말하면, 원함수 $y=x^2$이 그리는 포물선의 수학적 성격을 파악할 목적으로 미분이 포물선을 무한하게 잘게 쪼개는 작업 끝에 도함수 $y=2x$에 도달한다면, 적분은 바로 이 도함수 $y=2x$가 수학적으로 규정하는 점들을 모두 다시 모아 원함수 $y=x^2$에 도달한다. 그렇다면 우리는 이 상보 관계의 논리를 그대로 적용해서, 만약 우리가 미분을 통해 현재에서 과거로, 현실적 차원에서 잠재적 차원으로 들어갔다면, 당연히 우리는 적분을 통해 과거에서 현재로, 잠재적 차원에서 현실적 차원으로 들어간다고 말할 수 있다. 존재론적으로 볼 때, 현실적인 것들에서 잠재적인 것으로 가는 용해 운동의 반대가 잠재적인 것에서 현실적인 것들로 가는 생산 운동인 것과 마찬가지로 말이다. 따라서 우리는 들뢰즈가 미분에 부여한 존재론적 의미의 역이 되는 의미를 그대로 적분에 부여할 수 있다. 그것은 곧 적분은 우리로 하여금 잠재적 차원에서 현실적 차원으로 들어가도록 해주는 출입문의 역할을 한다는 것이다.

미분과 적분 사이의 상보 관계에 대한 들뢰즈의 존재론적 해석

서로 분간이 불가능한 역방향의 두 운동인 미분과 적분은 하나의 이중 운동을 이룬다

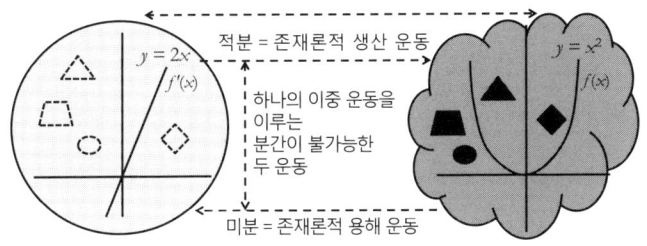

앞에서 우리는 시간의 분열에 관한 베르그손-들뢰즈의 논의로부터 출발해서 들뢰즈가 미분과 적분에 존재론적으로 어떤 의미를 부여하는지 보았다. 이제 우리에게는 미분과 적분 사이의 상보 관계를 들뢰즈가 존재론적으로 어떻게 해석하는가라는 물음에 답하는 일이 남아 있다. 이 물음에 대한 답변은 우리가 앞에서 이미 확인한 미분과 적분의 존재론적 의미를 존재의 운동의 개념으로 고려하는 일로부터 시작한다.

앞에서 우리는 미분의 존재론적 의미는 잠재적 차원 속에 들어가기인 반면, 적분의 존재론적 의미는 현실적 차원 속에 들어가기임을 보았다. 따라서 미분은 그것이 현실적 차원에서 잠재적 차원으로 들어가는 운동이라는 점에서 존재의 운동의 개념으로 고려하면 존재론적 용해 운동으로 해석되는 반면, 적분은 그것이 잠재적 차원에서 현실적 차원으로 들어가는 운동이라는 점에서 존재의 운동의 개념으로 고려하면 존재론적 생산 운동으로 해석된다.

그런데 우리가 앞에서 들뢰즈의 세계관을 검토할 때 이미 확인했듯이 존재의 두 운동인 생산 운동과 용해 운동은 비록 그 방향성에 따라 구분되어 고려될 수 있을지 몰라도 결코 분리되거나 나누어지지 않는다. 만약 존재의 생산 운동과 용해 운동이 따로 분리된 두 운동이라면, 분리된 이 두 운동을 따라서 존재가 서로 다르게 이야기될 수밖에 없을 것이고, 결국 이런 식으로 이야기되는 존재의 두 의미는 오로지 하나의 의미만 이야기되어야 한다는 존재의 일의성의 논제를 무너뜨리고 말 것이기 때문이다. 따라서 존재의 생산 운동과 용해 운동은 서로 대립되는 양방향을 향해 나아가되 서로 분간이 불가능한 두 운동, 그리하여 단 하나의 이중 운동을 이루는 역방향의 두 운동일 수밖에 없었다.

그렇다면 우리는 이 같은 분간 불가능성의 논리를 미분과 적분에도 그대로 적용할 수 있다. 왜냐하면 존재의 운동의 개념으로 미적분을 고려할 경우 미분은 존재론적 용해 운동으로, 적분은 존재론적 생산 운동으로 해석될 수 있기 때문이다. 따라서 우리는 다음과 같이 말할 수 있다. 미분과 적분은 서로 대립되는 양방향을 향해 나아가되 서로 분간이 불가능한 두 운동, 그리하여 단 하나의 이중 운동을 이루는 역방향의 두 운동이다.

앞에서 우리는 미적분에 대한 들뢰즈의 존재론적 의미 부여를 이해함에 있어서 우리에게 도움을 줄 안내자로 시간의 분열에 관한 논의를 택하였다. 미분과 적분 사이의 상보 관계에 대한 들뢰즈의 존재론적 해석을 보다 정확하게 이해하는 데 있어서도 우리에게 도움을 줄 안내자는 시간에 관한 논의, 시간의 결정체結晶體 cristal에 관한 들뢰즈의 논의다.

먼저 시간에 대한 잘 알려진 두 관점 크로노스kronos와 아이온 aion 이야기부터 하자. 크로노스, 그것은 언제나 현재만 있는 시간을 말한다. 그리스신화에서 자신의 아이들을 잡아먹고 언제나 자신만을 남기는 크로노스를 연상해보라! 아이온, 그것은 영원히 뻗어가는 시간, 그 영원한 지속 속에서 과거, 현재, 미래가 공존하는 시간을 말한다. 마치 음악의 화음에서와 같이 아이온의 영원히 계속되는 시간 속에서는 과거가 현재 속에 살아 있고 미래가 현재를 비추면서 과거, 현재, 미래가 서로 소통한다. 그리고 바로 이 과거, 현재, 미래의 소통과 공존이 시간의 이미지, 즉 들뢰즈가 말하는 결정체 이미지를 구성한다.

그렇다면 묻자. 시간의 결정체란 무엇인가? 도대체 결정체의 어떤 측면이 시간을 잘 설명해주기에 결정체 이미지를 시간의 이미지라고 하는 걸까? 이 물음에 답하기 전에 먼저 들뢰즈에게 있어서는 생명이 존재를 일컫는 이름인 것처럼 시간 역시 존재의 또 다른 이름으로 쓰인다는 점을 상기하자. 사실 앞에서 우리가 미적분의 존재론적 의미를 알고자 했을 때, 복잡하게 다른 길로 돌아갈 필요 없이 미적분과 관련해서 존재라는 단어를 직접 취하여 접근하는 것이 가장 빠른 길임에도 불구하고 그렇게 하지 않고 존재 대신 시간의 예를 취한 것도 이 때문이었다. 들뢰즈에게는 이처럼 '존재=시간'의 등식이 성립하는 것이다. 그렇다면 우리는 이제 '존재=시간'의 등식 아래 '존재의 평면=시간의 평면'이라는 등식 또한 세울 수 있게 된다. 존재가 잠재적인 사건-줄들의 총체이면서 매 순간 잠재적인 사건-줄들로부터 발생하는 현실적인 사건-줄들의 총체인 것처럼 시간 또한 존재의 그것과 동일한 사건-줄들의 총체다. 존재가 무한한 수의 사건-줄로 빽빽이 들어찬 아주 매끈한 유리면과도 같은 평면인 것처럼 시간 또한 존재의 그것과 동일한 매끈한 평면이다. 매 순간 존재의 평면 위에 사건-줄들이 그어지는 것처럼 매 순간 시간의 평면 위에도 사건-줄들이 그어진다. 존재의 평면이 언제나 건설 중인 평면인 것처럼 시간의 평면 또한 언제나 건설 중인 평면이다. 언제나 건설 중인 시간의 평면 위에서 매 순간 그어지는 사건-줄들, 우리가 들뢰즈가 말하는 시간의 결정체를 포착하게 되는 지점이 바로 이곳이다.

  먼저 사건-줄들이 끊임없이 그어지는 시간의 평면이 있다. 사건-줄들은 이 시간의 평면 위에 굴곡을 낳는데, 이 굴곡은 우리가 그것을 어떻게 보느냐에 따라서 밭고랑처럼 일정하게 파인 홈으로도, 계곡의 들쭉날쭉함으로도, 수정 덩어리의 군락이 보여주는 울퉁불퉁함으로도 고려될 수 있다. 들뢰즈가 말하는 시간의 결정체란 정확하게 말해 이와 같이 수정 덩어리의 군락이 보여주는 울퉁불퉁함으로 고려된 사건-줄들 그리고 이 사건-줄들의 총체인 시간의 평면을 말한다. 따라서 수정 덩어리가 계속해서 자라면서 변하는 것과 마찬가지로 시간의 결정체 또한 계속해서 변하며, 수정 덩어리의 변화를 따라 수정 덩어리의 군락 전체가, 군락 전체의 울퉁불퉁함이 새롭게 건설되는 것과 마찬가지로 시간의 결정체 또한 자신의 변화를 따라 시간의 평면을 매 순간 새롭게 건설해나간다. 또 수정 덩어리의 반짝이는 표면, 변화 중인 표면이 수정 덩어리 자신을 지금까지 형성해왔고 지금도 형성 중인 기나긴 과거와 현재를 응축하고 있는 것과 마찬가지로 시간의 결정체의 굴절하며 반사하는 표면 또한 서로 소통하는 과거와 현재, 서로 분간이 안 되는 과거와 현재를 담고 있다. 즉 시간의 분열에 대한 논의를 여기에 적용해서 말해보면, 시간의 결정체의 표면에서는 분열하는 시간의 두 측면인 흐르는 현재와 보존되는 과거가 서로 분명히 구분되지만 동시에 서로의 역할을 차용하면서 분간이 불가능하게 될 때까지 서로 교환되고 있는 것이다. 결국 시간의 평면을 매 순간 새롭게 건설 중인 시간의 결정체를 정의하는 것, 그것은 다름 아닌 흐르는 현재와 보존되는 과거의 지속적 교환인 것이다.

앞에서 우리는 들뢰즈의 관점을 따라서 미분과 적분을 존재의 두 운동으로, 즉 미분을 존재론적 용해 운동으로, 적분을 존재론적 생산 운동으로 해석할 수 있다고 했다. 그리고 이런 맥락에서 미분과 적분 사이의 상보 관계는, 존재론적으로 볼 때, 서로 대립되는 양방향을 향해 나아가되 서로 분간이 불가능한, 그리하여 단 하나의 이중 운동을 이루는 용해 운동과 생산 운동의 관계로 해석될 수 있었다. 그렇다면 우리는 다름 아닌 시간의 결정체의 표면이야말로 미분과 적분 사이의 상보 관계에 대한 들뢰즈의 이 같은 존재론적 해석을 정확하게 구현하고 있다는 것을 알게 된다. 왜냐하면 과거와 현재, 잠재적 차원과 현실적 차원이 교환의 회로 속에서 서로 분간이 불가능하게 되는 표면, 따라서 현재에서 과거로, 현실적 차원에서 잠재적 차원으로 나아가는 용해 운동과 과거에서 현재로, 잠재적 차원에서 현실적 차원으로 나아가는 생산 운동이 서로 분간이 불가능하게 되어 하나의 이중운동을 이루는 표면이 곧 시간의 결정체의 표면이기 때문이다. 따라서 우리는 말할 수 있다. 용해 운동과 생산 운동이 서로 분간이 불가능하게 되어 하나의 이중운동을 이루는 시간의 결정체의 표면에서는 과거가 현재 이후에 구성되는 것이 아니라 현재와 함께 공존한다고. 또한 시간의 결정체의 표면에서는 현재와 과거가 서로 분간이 불가능해질 정도로 유착과 분열이, 흔들림이, 지속적인 교환이 존재한다고.

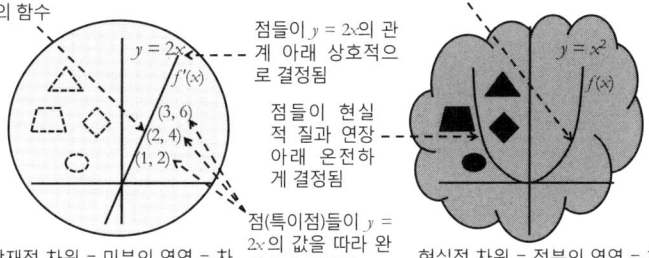

잠재적 차원에서 차이는 현실적 질과 연장을 결여한다. 따라서 그곳에서는 현실적 차원에서 보는 것과 같은 차이의 온전한 결정이 있을 수 없다. 하지만 그럼에도 불구하고 잠재적 차원은 상호적으로 완벽하게 결정된 차이의 차원, 즉 차등화된 차원이다. 바로 이 차등화란 정확하게 무엇인가? 이것이 우리의 원래 물음이었다. 이 물음에 대한 들뢰즈의 답변을 듣기 위해 들뢰즈가 그런 것처럼 우리 또한 미분을 들여와야만 했고 결국 들뢰즈가 미분에 부여한 존재론적 의미부터 먼저 파악해야만 했다. 이 존재론적 의미에 따르면 미분은 우리로 하여금 현실적 차원에서 잠재적 차원으로 들어가도록 해주는 출입문의 역할을 한다. 요컨대 미분의 영역은 곧 잠재적 차원인 것이다. 그리고 우리는 이 '미분의 영역 = 잠재적 차원'의 등식 아래 마침내 차등화가 정확하게 무엇인지 알 수 있게 된다. 왜냐하면 미분의 영역에서 보게 되는 도함수의 수학적 성질을 바탕으로 잠재적 차원의 차등화된 차이의 성질을 구체적으로 확인할 수 있기 때문이다.

물론 이런 접근 순서는, 현실적 차원에서 차이가 현실적 질과 연장을 통해 온전하게 결정되어 있는 상태를 가리켜 차이가 차이화되어 있다고 할 때, 바로 이 차이화란 정확하게 무엇인지에 대한 들뢰즈의 답변을 구할 때도 마찬가지로 유효하다. 즉 우리는 적분의 존재론적 의미가 잠재적 차원에서 현실적 차원으로 들어가도록 해주는 출입문의 역할을 하는 것이라는 사실로부터 적분의 영역은 곧 현실적 차원임을 알게 된다. 그리고 바로 이 '적분의 영역 = 현실적 차원'의 등식 아래 우리는 적분의 영역에서 보게 되는 원함수의 수학적 성질을 바탕으로 현실적 차원의 차이화된 차이의 성질을 구체적으로 확인할 수 있는 것이다.

그리고 이처럼 차등화와 차이화가 무엇인지에 대한 구체적 확인이 이루어졌을 때, 마지막으로 우리는 차등화와 차이화 사이의 상관관계에 대해서도 정확하게 알 수 있을 것이며, 또 궁극적으로 우리는 이것을 통해 들뢰즈가 말하는 사건의 발생 논리, 즉 개별-차등/이화의 논리가 어떻게 작동하는지에 대해서도 구체적으로 알 수 있을 것이다.

그렇다면 먼저 미분의 영역에서 보게 되는 도함수의 수학적 성질을 바탕으로 잠재적 차원의 차등화된 차이의 성질을 확인해보자. 이것은 잠재적 차원에서 차이의 차등화를 의미하는 차이의 상호적 결정과 완벽한 결정을 도함수의 수학적 성질을 가지고서 구체적으로 설명하는 일이 될 것이다.

잠재적 차원에서 차이가 상호적으로 결정되어 있다는 것은 무슨 뜻일까? 이 물음을 미분과 도함수의 개념으로 바꾸어 다시 물어보자. 미분의 영역에서 도함수 $f'(x)$가 상호적으로 결정되어 있다는 것은 무슨 뜻일까? 그것은 미분의 영역에서 좌표상의 점(x, y)을 구성하는 x와 y가 도함수가 설정하는 관계에 의해 상호적으로 그 짝이 엄격하게 결정되어 있다는 것을 뜻한다. 예를 들어 원함수($f(x)$) $y=x^2$를 미분한 도함수($f'(x)$) $y=2x$가 있다. 미분의 영역에서 도함수 $y=2x$는 좌표 위에 오른쪽으로 기울어진 직선을 그리게 될 것이다. 이때, 너무나 당연한 이야기지만, 직선 위의 무수한 점(x, y)을 구성하는 x와 y는 서로 무차별적으로 짝을 맺는 것이 아니라 도함수 $y=2x$가 설정한 관계에 의해 상호적으로 그 짝이 결정되어 있다. 즉 점(x, y)을 구성하는 x와 y가 도함수 $y=2x$가 그리는 직선을 따라서 ……(-2, -4), (-1, -2), (0, 0), (1, 2), (2, 4)…… 식으로 상호적으로 엄격하게 짝을 지어서 모두 다 결정되어 있는 것이다. 결국 잠재적 차원에서 차이가 상호적으로 결정되어 있다는 것은 잠재적 차이가 이래도 좋고 저래도 좋은 그런 무차별적 차이가 아니라 그 어떤 차등적 관계에 의해서 엄격하게 결정되어 있다는 것을 말한다. 마치 미분의 영역에서 도함수 $y=2x$가 그리는 직선이 있다고 할 때, 이 직선 위의 무수한 점(x, y)을 구성하는 x와 y는 서로 무차별적으로 짝을 맺는 것이 아니라 도함수 $y=2x$가 설정한 관계에 의해 그 짝 맺기가 상호적으로 엄격하게 결정되어 있는 것처럼 말이다.

다음으로 잠재적 차원에서 차이가 완벽하게 결정되어 있다는 것은 무슨 뜻일까? 이 물음을 방금 앞에서 했던 것과 같이 미분과 도함수의 개념으로 바꾸어 다시 물어보자. 미분의 영역에서 도함수 $f'(x)$가 완벽하게 결정되어 있다는 것은 무슨 뜻일까? 그것은 예를 들어 도함수 $y=2x$가 설정한 관계에 의해 상호적으로 짝이 결정된 점(x, y)들이 좌표 위에 자리 잡지 못하고 막연하게 붕 떠 있는 점들이 아니라, 그들의 좌표상의 위치가 도함수 $y=2x$의 값을 따라서 완벽하게 지정되어 있다는 것을 뜻한다. 즉 도함수 $y=2x$는 좌표 위에 오른쪽으로 기울어진 직선을 그리게 되는데, 이때 직선 위의 점들은 그들의 위치가 비결정된 막연한 점들이 아니라 도함수 $y=2x$의 값을 따라서 ……(-2, -4), (-1, -2), (0, 0), (1, 2), (2, 4)…… 식으로 위치가 완벽하게 결정된 점들인 것이다. 미분의 영역에서 도함수의 값을 따라 이렇게 완벽하게 결정되어 있는 점들을 가리켜서 들뢰즈는 특이점들이라고 부른다. 따라서 이렇게 말할 수 있다. 잠재적 차원에서 차이가 완벽하게 결정되어 있다는 것은 잠재적 차이가 위치가 지정됨 없이 막연하게 붕 떠 있는 차이가 아니라 그 어떤 차등적 관계의 값을 따라 분배된 특이점에 의해서 그 위치가 엄격하게 결정되어 있다는 것을 말한다. 마치 미분의 영역에서 도함수 $y=2x$가 그리는 직선이 있다고 할 때, 이 직선 위의 점들의 위치가 하나도 빠짐없이 도함수 $y=2x$의 값을 따라서 완벽하게 결정되어 있는 것처럼 말이다.

이로써 마침내 차등화란 정확하게 무엇인가에 대한 들뢰즈의 최종 답변을 들을 수 있게 된다. 차등화란 잠재적 차원에서 차이가 그 어떤 차등적 관계에 의해서 엄격하게 결정(상호적 결정)되어 있을 뿐 아니라 그 차등적 관계의 값을 따라 분배된 특이점에 의해서 그 위치 또한 엄격하게 결정(완벽한 결정)되어 있다는 것을 말한다. (현실적 차원이 명석-판명한 차원인 것과 달리 잠재적 차원이 애매-판명한 차원인 이유는, 잠재적 차이가 현실적 질과 연장을 결여함으로써 애매한 차이임은 분명하지만 그럼에도 불구하고 이처럼 상호적으로 완벽하게 결정되어 있기 때문에, 즉 차등화되어 있기 때문이다.)

이제 우리에게는 적분의 영역에서 보게 되는 원함수의 수학적 성질을 바탕으로 현실적 차원의 차이화된 차이의 성질을 확인하는 일이 남아 있다. 이것은 현실적 차원에서의 차이화를 의미하는 차이의 온전한 결정을 원함수의 수학적 성질을 가지고서 구체적으로 설명하는 일이 될 것이다.

현실적 차원에서 차이가 온전하게 결정되어 있다는 것은 무슨 뜻일까? 앞에서 계속 그랬던 것처럼 이 물음 역시 적분과 원함수의 개념으로 바꾸어 다시 물어보도록 하자. 적분의 영역에서 원함수 $f(x)$가 온전하게 결정되어 있다는 것은 무슨 뜻일까? 적분은 잠재적 차원에서 현실적 차원으로 들어가는 것을 말한다. 그것은 무한하게 잘게 쪼개진 차원에서 잘게 쪼개진 것들을 모두 더한 차원으로 들어가는 것, 너무나도 작아 현실적으로 사유가 불가능한 차원에서 사유 가능한 최소치 그 이상이 되어 현실적으로 사유가 가능해지는 차원으로 들어가는 것을 말한다. 이것을 앞의 예를 가지고서 다시 말하면 다음과 같다. 미분 작업이 원함수 $y = x^2$의 포물선 위의 점들의 수학적 성격을 현실적인 사유가 불가능할 정도로 무한히 작은 차원 속에서 도함수 $y = 2x$를 통해 규정한다면, 적분 작업은 이처럼 그 수학적 성격이 규정된 점 하나하나를 사유 가능한 최소치 그 이상이 되도록 모두 모음으로써 현실적으로 사유가 가능한 차원 속에서 실질적인 포물선을 그린다. 그리고 이때 적분 작업 속에서 포물선이 실질적으로 그려진다는 것은 다음의 두 가지를 뜻한다. 첫째, 그것은 적분의 영역에서 점들이 하나로 모일 때, 점들이 도함수 $y = 2x$에 의해 규정된 수학적 성격을 그대로 간직하면서 모이기 때문에, 결과적으로 점들의 모임은 정확하게 원함수 $y = x^2$의 포물선을 점들의 모임 자신의 현실적 질로 갖게 된다는 것을 뜻한다. 둘째, 그것은 적분의 영역에서 점들이 하나로 모일 때, 점들의 모임의 현실적 질에 해당하는 원함수 $y=x^2$의 포물선이 좌표 위에서 실제로 그려질 수 있도록 포물선 위의 점들의 위치가 현실적으로 지정되는 것, 다시 말해 포물선 위의 점들이 현실적 연장을 받는 것을 뜻한다. 적분의 영역에서 원함수가 온전하게 결정되어 있다는 것은 바로 이 두 가지를 말한다. 따라서 우리는 이를 바탕으로 현실적 차원에서 차이가 온전히 결정되어 있다는 것에 대해, 즉 차이화에 대해 다음과 같이 말할 수 있다. 현실적 차원에서 차이가 온전하게 결정되어 있다는 것, 즉 차이화되어 있다는 것은 차이가 차이 자신에게 고유한 현실적 질과 연장 아래 엄격하게 결정되어 있다는 것을 말한다. 마치 도함수 $y=2x$를 적분하여 점들이 하나로 모일 때, 그 점들의 모임이 원함수 $y=x^2$의 포물선을 모임 자신의 현실적 질로 가질 뿐 아니라, 또한 원함수 $y=x^2$의 포물선이 좌표 위에 실제로 그려질 수 있도록 포물선 위의 점들이 현실적 연장을 받아 그들의 위치가 지정되는 것과 같이 말이다.

차등화와 차이화 사이의 상관관계 1

차등화된 차이의 상호적 결정이 차이화된 차이의 현실적 질을 선험적으로 규정한다

$y = 2x$에 의해 상호적으로 결정된 각 점(x', y')이 포물선 $y = x^2$의 각 점(x, y)의 수학적 성격을 미리 규정한다는 점에서 결국 $y = 2x$에 의해 상호적으로 결정된 점(x', y')들이 수학적 성격이 미리 규정된 점(x, y)들의 모임인 포물선 $y = x^2$을 질의 측면에서 미리 규정한다고 할 수 있다

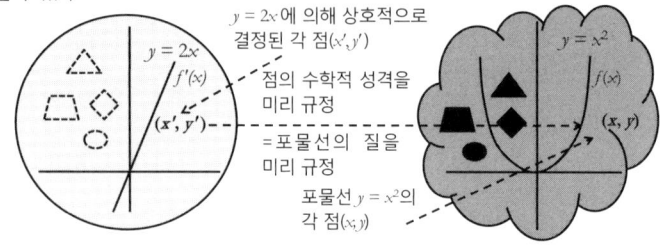

잠재적 차원 = 미분의 영역 = 차등화의 차원 = 애매-판명의 차원

현실적 차원 = 적분의 영역 = 차이화의 차원 = 명석-판명의 차원

앞에서 우리는 미분의 결과인 도함수의 수학적 성질로부터 시작해서 잠재적 차원의 차등화에 대하여, 적분의 결과인 원함수의 수학적 성질로부터 시작해서 현실적 차원의 차이화에 대해서 구체적으로 확인해보았다. 이에 따르면 차등화와 차이화 양자 모두가 이중의 결정을 보여준다. 즉 차등화된 차이는 상호적 결정과 완벽한 결정을, 차이화된 차이는 현실적 질의 측면에서의 결정과 현실적 연장의 측면에서의 결정을 보여준다. 한편 이 같은 확인과 함께 우리가 이 지점에서 반드시 상기해야 할 사실이 하나 더 있다. 그것은 애초부터 들뢰즈에게서 사건이 발생한다는 것은 잠재

적 차원에서 현실적 차원으로 이동한다는 것, 잠재적 차원의 차등화된 차이에서 현실적 차원의 차이화된 차이로 이동한다는 것을 뜻한다는 사실이다. 실제로 이러한 이동은 들뢰즈의 일의적 존재론으로부터 비롯된 지극히 자연스러운 결과라고 할 수 있다. 왜냐하면 들뢰즈의 일의적 존재론에서 잠재적 차원은 현실적 차원 속에서 차이가 현실화되는 것을 가능케 하는 구조와 동력, 동인을 지니고 있고 또 그것을 실제로 행사함으로써 실재하는 선험적 차원이기 때문이다.

결국 차등화와 차이화 양자 모두가 자기 고유의 이중의 결정을 보여준다는 사실, 그리고 차등화된 차이의 차원인 잠재적 차원이 차이화된 차이의 차원인 현실적 차원에 대하여 그것의 선험적 차원으로서 작용한다는 사실은 우리에게 차등화와 차이화 사이의 상관관계가 다음과 같이 아주 긴밀한 선험적 대응 관계로 이루어져 있다는 것을 알려준다.

첫째, 차등화와 차이화 사이에는 차등화된 차이의 상호적 결정이 차이화된 차이의 현실적 질을 선험적으로 규정하는 선험적 대응 관계가 존재한다. 도함수 $y=2x$를 가지고서 이 대응 관계를 확인해보자. 잠재적 차원의 차등화된 차이인 도함수 $y=2x$가 그리는 직선 위의 무수한 점 (x', y')을 구성하는 x'과 y'은 도함수 $y=2x$가 설정한 관계에 의해 그 짝이 엄격하게 결정되어 있다. 잠재적 차원에서 차등화된 차이가 상호적으로 결정되어 있다는 것은 이처럼 차이가 그 어떤 차등적 관계에 의해서 엄격하게 결정되어 있다는 것을 말한다. 그런데 이때 도함수 $y=2x$의 상호적으로 결정된 각 점 (x', y')은 원함수 $y=x^2$의 각 점 (x, y)의 순간변화율을, 또는 각 점의 수학적 성격을 선험적으로 규정한다. 우리는 이 선험적 규정 관계를 도함수와 원함수의 위치를 바꾸어서 다음과 같이 말할 수 있을 것이다. 즉 원함수 $y=x^2$의 포물선 위의 각 점의 수학적 성격이 도함수 $y=2x$의 상호적으로 결정된 각 점에 의해 선험적으로 미리 규정되어 있다고 말이다. 이뿐만이 아니다. 우리는 여기에서 한 발 더 나아가 원함수 $y=x^2$의 포물선의 전체 질이 도함수 $y=2x$의 상호적으로 결정된 점들에 의해 선험적으로 미리 규정되어 있다고까지 말할 수 있다. 왜냐하면 도함수 $y=2x$의 상호적으로 결정된 점들에 의해 수학적 성격이 미리 규정된 원함수 $y=x^2$의 모든 점을 좌표 위에 모을 경우, 이렇게 해서 모인 좌표 위의 점들의 총체는 결국 원함수 $y=x^2$의 포물선에 다름 아닐 것이기 때문이다. 요컨대 잠재적 차원의 차등화된 차이인 도함수 $y=2x$의 상호적 결정이 현실적 차원의 차이화된 차이인 원함수 $y=x^2$의 현실적 질을 선험적으로 미리 규정하는 것이다.

차등화와 차이화 사이의 상관관계 2

차등화된 차이의 완벽한 결정이 차이화된 차이의 현실적 연장을 선험적으로 규정한다

$y = 2x$의 점(1, 2), (2, 4), (3, 6)...이 포물선 $y = x^2$의 점...(1, 1), (2, 4), (3, 9)...의 좌표상의 위치를 미리 규정한다는 점에서 결국 $y = 2x$의 값에 의해 완벽하게 결정된 점들(특이점들)이 좌표상의 위치가 미리 규정된 점들의 모임인 포물선 $y = x^2$을 연장의 측면에서 미리 규정한다고 할 수 있다

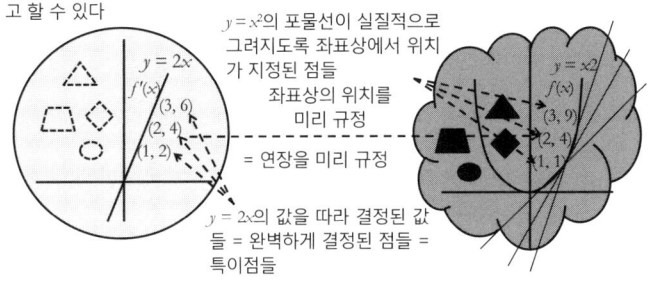

잠재적 차원 = 미분의 영역 = 차등화의 차원 = 애매-판명의 차원

현실적 차원 = 적분의 영역 = 차이화의 차원 = 명석-판명의 차원

둘째, 차등화와 차이화 사이에는 차등화된 차이의 완벽한 결정이 차이화된 차이의 현실적 연장을 선험적으로 규정하는 선험적 대응 관계가 존재한다. 앞에서와 마찬가지로 도함수 $y = 2x$를 가지고서 이 대응 관계를 확인해보자. 잠재적 차원의 차등화된 차이인 도함수 $y = 2x$가 그리는 직선 위의 점들은 ……(1, 2), (2, 4), (3, 6)……처럼 도함수 $y = 2x$의 값을 따라 그 위치가 엄격하게 결정되어 있다. 잠재적 차원에서 차등화된 차이가 완벽하게 결정되어 있다는 것은 이처럼 차이의 위치가 그 어떤 차등적 관계의 값을 따라 분배된 특이점들에 의해서 엄격하게 결정되어 있다는 것을 말한다.

그런데 이때 도함수 $y=2x$의 완벽하게 결정된 각 특이점은 원함수 $y=x^2$의 각 점의 연장적 성격인 위치를 선험적으로 규정한다. 예를 들어 도함수 $y=2x$의 완벽하게 결정된 특이점 (1, 2)가 원함수 $y=x^2$의 포물선 위의 점들 가운데 기울기를 2만큼 가진 점 (1, 1)의 연장적 성격인 위치를 선험적으로 미리 규정하는 것처럼, 또 도함수 $y=2x$의 완벽하게 결정된 특이점 (2, 4)와 특이점 (3, 6)이 원함수 $y=x^2$의 포물선 위의 점들 가운데 기울기를 4만큼 가진 점 (2, 4)와 기울기를 6만큼 가진 점 (3, 9)의 연장적 성격인 위치를 선험적으로 미리 규정하는 것처럼 말이다. 그리고 이런 식으로 계속해서 나갈 경우 궁극적으로 우리는 도함수 $y=2x$의 모든 값, 즉 완벽하게 결정된 모든 특이점이 원함수 $y=x^2$의 포물선 전체의 연장적 성격, 다시 말해 포물선 전체의 위치를 선험적으로 미리 규정하는 것을 보게 된다. 왜냐하면 도함수 $y=2x$의 완벽하게 결정된 점들에 의해 위치가 미리 규정된 원함수 $y=x^2$의 점들을 좌표 위에 모두 모을 경우, 이 점들의 총체는 결국 원함수 $y=x^2$의 포물선과 마찬가지일 것이기 때문이다. 요컨대 잠재적 차원의 차등화된 차이인 도함수 $y=2x$의 완벽한 결정이 현실적 차원의 차이화된 차이인 원함수 $y=x^2$의 현실적 연장을 선험적으로 미리 규정하는 것이다.

개별-차등/이화

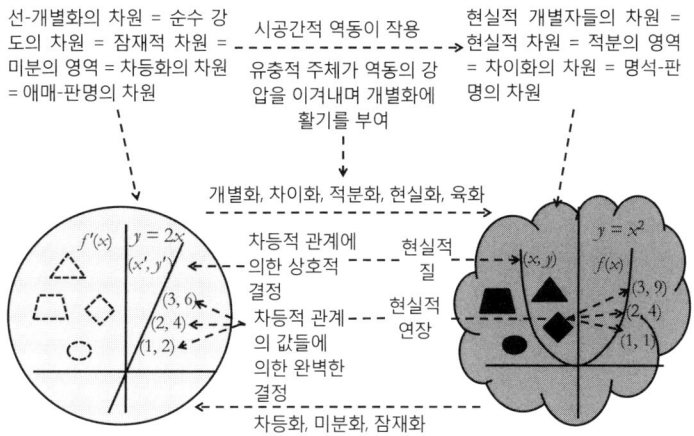

들뢰즈에게 있어서의 세계와 인간을 살펴본 다음 우리가 제기한 물음은 사건의 발생에 관한 물음이었다. 즉 들뢰즈에게 있어서는 세계와 인간 모두가 사건-줄들의 평면으로, 다시 말해 사건이 발생하는 장으로 고려될 수 있음을 확인한 후, 그렇다면 이와 같은 사건의 발생의 장에서는 사건이 과연 어떻게 발생하는지를 알고자 했던 것이다. 들뢰즈의 일의적 세계에서는 사건이 어떻게 발생하는가? 이 물음에 대한 들뢰즈의 답변은 무척이나 단순했다. 그의 답변은 개별-차등/이화였다. 수학의 미적분까지 동원한 지금까지의 지난했던 논의는 바로 이 개별-차등/이화의 논리, 즉 들뢰즈의 사건의 발생 논리를 보다 구체적으로 밝히고자 한 것이었다. 그럼 지금까지의 논의를 모두 종합하여 대장정의 끝을 내보자. 개별-차등/이화라는 들뢰즈의 답변 자체는 참으로 단순해 보이지만, 그 내용은 결코 단순치가 않다. 아니, 오히려 극도로 복잡할 뿐 아니라, 심지어 그곳에 쓰인 용어 하나하나조차 결코 넘기가 쉽지 않은 장애물이다. 따라서 우리는 지금까지의 논의를 우선 흐름 중심으로 다음과 같이 요약 정리하고자 한다.

- 사건 = 이동 = 개별화: 들뢰즈의 일의적 세계에서 사건이 발생한다는 것은 무엇보다도 잠재적인 것으로부터 현실적인 것들로 이동한다는 것을 뜻한다.
- 이때 이동의 과정인 개별화 과정은 잠재적 다수 하나하나가 각자에 대응하는 현실적 다수 하나하나로 이동하는 것을 말한다.
- 이동하기 전의 상태 = 잠재적인 것의 상태 = 차등화된 상태: 차등화된 상태란 잠재적 다수가 현실적 질에 논리적으로 앞서는 잠재적 관계들 아래 상호적으로 결정되어 있고, 현실적 연장에 논리적으로 앞서는 잠재적 특이성들 아래 완벽하게 결정되어 있는 상태를 말한다.
- 이동한 후의 상태 = 현실적인 것들의 상태 = 차이화된 상태: 차이화된 상태란 현실적 다수가 다수 자신에게 고유한 현실

적 질과 연장 아래 온전하게 결정되어 있는 상태를 말한다.

- 차등화=미분화, 차이화=적분화: 차등화는 수학적으로 말할 경우 미분화의 의미를 가지며, 차이화는 수학적으로 말할 경우 적분화의 의미를 가진다. 따라서 들뢰즈에게 있어서 개별-차등/이화와 개별-미/적분화는 동일한 의미를 가진 말이다.
- 미분과 적분: 미분은 잘게 쪼개는 것을 말하며, 적분은 잘게 쪼개진 것들, 즉 미분한 것들을 다시 더하는 것을 말한다.
- 미분과 적분 사이의 상보 관계: 미분이 잘게 쪼개는 것이라면, 역으로 적분은 잘게 쪼개진 것들을 다시 모으는 것이다. 따라서 미분과 적분 사이에는 역방향의 상보 관계가 존재한다.
- 미분과 적분의 존재론적 의미: 미분은 잠재적 차원 속에 들어가기라는 존재론적 의미를 갖는다. 따라서 미분은 존재의 운동의 개념으로 고려할 경우 존재론적 용해 운동으로 해석될 수 있다. 반면에 적분은 현실적 차원 속에 들어가기라는 존재론적 의미를 갖는다. 따라서 적분은 존재의 운동의 개념으로 고려할 경우 존재론적 생산 운동으로 해석될 수 있다.
- 미분과 적분 사이의 상보 관계에 대한 존재론적 해석: 미분과 적분은 서로 대립되는 양방향을 향해 나아가되 서로 분

간이 불가능한, 그리하여 단 하나의 이중 운동을 이루는 두 운동인 용해 운동과 생산 운동이다.

- 미분을 통해 보다 분명히 밝혀진 차등화의 상호적 결정: 잠재적 차원에서 차이가 상호적으로 결정되어 있다는 것은 잠재적 차이가 이래도 좋고 저래도 좋은 그런 무차별적 차이가 아니라 그 어떤 차등적 관계에 의해서 엄격하게 결정되어 있다는 것을 말한다. 마치 미분의 영역에서 도함수 $y=2x$가 그리는 직선이 있다고 할 때, 이 직선 위의 무수한 점 (x, y)을 구성하는 x와 y는 서로 무차별적으로 짝을 맺는 것이 아니라 도함수 $y=2x$가 설정한 관계에 의해 그 짝 맺기가 상호적으로 엄격하게 결정되어 있는 것처럼 말이다.

- 미분을 통해 보다 분명히 밝혀진 차등화의 완벽한 결정: 잠재적 차원에서 차이가 완벽하게 결정되어 있다는 것은 잠재적 차이가 위치가 지정됨 없이 막연하게 붕 떠 있는 차이가 아니라, 그 어떤 차등적 관계의 값을 따라 분배된 특이점에 의해서 그 위치가 엄격하게 결정되어 있다는 것을 말한다. 마치 미분의 영역에서 도함수 $y=2x$가 그리는 직선이 있다고 할 때, 이 직선 위의 점들의 위치가 하나도 빠짐없이 도함수 $y=2x$의 값을 따라서 ……(-2, -4), (-1, -2), (0, 0), (1, 2), (2, 4)…… 식으로 완벽하게 결정되어 있는 것처럼 말이다.

- 미분을 통해 보다 분명히 밝혀진 차등화: 결국 차등화란 잠재적 차원에서 차이가 그 어떤 차등적 관계에 의해서 엄격하게 결정(상호적 결정)되어 있을 뿐 아니라 그 차등적 관계의 값을 따라 분배된 특이점에 의해서 그 위치 또한 엄격하게 결정(완벽한 결정)되어 있다는 것을 말한다. (현실적 차원이 명석-판명한 차원인 것과 달리 잠재적 차원이 애매-판명한 차원인 이유는, 잠재적 차이가 현실적 질과 연장을 결여함으로써 애매한 차이임은 분명하지만, 그럼에도 불구하고 그것이 이처럼 상호적으로 완벽하게 결정되어 있기 때문에, 즉 차등화되어 있기 때문이다.)
- 적분을 통해 보다 분명히 밝혀진 차이화: 현실적 차원에서 차이가 온전하게 결정되어 있다는 것, 즉 차이화되어 있다는 것은 차이가 차이 자신에게 고유한 현실적 질과 연장 아래 엄격하게 결정되어 있다는 것을 말한다. 마치 도함수 $y=2x$를 적분하여 점들이 하나로 모일 때, 그 점들의 모임이 원함수 $y=x^2$의 포물선을 모임 자신의 현실적 질로 가질 뿐 아니라, 또한 원함수 $y=x^2$의 포물선이 좌표 위에 실제로 그려질 수 있도록 포물선 위의 점들이 현실적 연장을 받아 그들의 위치가 지정되는 것처럼 말이다.
- 첫 번째 고려해야 할 사실(차등화와 차이화 양자 모두가 이처럼 자기 고유의 이중의 결정을 보여준다는 사실)+두 번

째 고려해야 할 사실(들뢰즈에게 있어서 사건의 발생은 잠재적 차원의 차등화된 차이에서 현실적 차원의 차이화된 차이로 이동하는 것을 뜻한다는 사실) = 결과(차등화와 차이화 사이의 상관관계가 다음과 같이 아주 긴밀한 선험적 대응 관계로 이루어져 있다는 사실).

− 미적분을 통해 보다 분명히 밝혀진 차등화와 차이화 사이의 상관관계 1: 차등화와 차이화 사이에는 차등화된 차이의 상호적 결정이 차이화된 차이의 현실적 질을 선험적으로 규정하는 선험적 대응 관계가 존재한다. 마치 도함수 $y=2x$의 상호적으로 결정된 점들이 원함수 $y=x^2$의 포물선의 전체 질을 선험적으로 미리 규정하는 것처럼 말이다.

− 미적분을 통해 보다 분명히 밝혀진 차등화와 차이화 사이의 상관관계 2: 차등화와 차이화 사이에는 차등화된 차이의 완벽한 결정이 차이화된 차이의 현실적 연장을 선험적으로 규정하는 선험적 대응 관계가 존재한다. 마치 도함수 $y=2x$의 모든 값, 즉 완벽하게 결정된 모든 특이점이 원함수 $y=x^2$의 포물선 전체의 연장적 성격, 다시 말해 포물선 전체의 위치를 선험적으로 미리 규정하는 것처럼 말이다.

결국 들뢰즈의 사건의 발생 논리를 담고 있는 개별−차등/이화의 논리는 개별화 과정의 전과 후를 중심으로 차원을 둘로 구분한다. 먼저 차등화된 차이의 차원인 잠재적 차원이 있다. 이 차원은 개별화 이전의 차원, 즉 선先-개별화의 차원으로서 개별화가 이루어지는 환경을 이룬다. 다음으로 차이화된 차이의 차원인 현실적 차원이 있다. 이 차원은 개별화 이후의 차원, 즉 현실적 개별자들의 차원으로서 개별화의 결과가 이루는 차원이다.

이때 선-개별화의 차원은 존재론적으로 말하면 잠재적 차원이요, 수학적으로 말하면 미분의 영역이다. 그곳에서는 차이가 차등적 관계에 의해 상호적으로, 또 차등적 관계의 값들에 의해 완벽하게 결정되어 있다는 점에서 선-개별화의 차원은 차등화의 차원이기도 하다. 하지만 그곳에서는 차이가 이처럼 상호적으로 완벽하게 결정되어 있음에도 불구하고 아직은 개별화되기 이전이라 차이가 현실적 질과 연장을 결여할 수밖에 없고, 따라서 선-개별화의 차원은 판명하지만 동시에 애매한 차원이다. 즉 선-개별화의 차원은 애매-판명의 차원, 따라서 순수 강도의 차원인 것이다.

반면에 현실적 개별자들의 차원은 존재론적으로 말하면 현실적 차원이요, 수학적으로 말하면 적분의 영역이다. 그곳에서는 차이가 현실적 질과 연장 아래 온전하게 결정되어 있다는 점에서 현실적 개별자들의 차원은 잠재적 차원의 차등화된 차이가 현실적 차원의 차이화된 차이로 이동하는 차원, 즉 차이화의 차원이기도 하다. 또 그곳에서는 차이가 이처럼 현실적 질과 연장 아래 온전하게 결정되어 있다는 점에서 선-개별화의 차원이 애매한 차원인 것과 반대로 현실적 개별자들의 차원은 명석한 차원이다. 보다 정확히 말해 선-개별화의 차원이 애매-판명의 차원이라면, 현실적 개별자들의 차원은 명석-판명의 차원인 것이다.

그리고 이렇게 구분된 두 차원은 서로 대응한다. 왜냐하면 사건의 발생 과정 또는 개별화 과정 자체가 곧 선-개별화의 차원에서 현실적 개별자들의 차원으로 이동하는 것을 말하기 때문이다. 이 개별화 과정을 들뢰즈는 필요에 따라서 때로는 차이화, 또 때로는 적분화, 현실화, 육화라고 표현한다. (물론 우리는 이 개별화 과정의 역방향, 즉 차등화, 미분화, 잠재화에 대해서도 이야기할 수 있을 것이다.)

그런데 두 차원의 이 대응 관계 속에서 선-개별화의 차원은 현실적 개별자들의 차원에 대하여 그것의 선험적 차원으로서 작용한다. 왜냐하면 들뢰즈의 일의적 존재론에서 잠재적 차원은 현실적 차원 속에서 차이가 현실화되는 것을 가능케 하는 구조와 동력, 동인을 지니고 있고 또 그것을 실제로 행사함으로써 실재하는 선험적 차원이라고 할 때, 잠재적 차원은 선-개별화의 차원과, 현실적 차원은 현실적 개별자들의 차원과 다른 것이 아니기 때문이다. 선-개별화의 차원 속에서 차등화된 차이의 상호적 결정이 현실적 개별자들의 차원 속에서 차이화된 차이의 현실적 질을 선험적으로 미리 규정하는 이유, 그리고 선-개별화의 차원 속에서 차등화된 차이의 완벽한 결정이 현실적 개별자들의 차원 속에서 차이화된 차이의 현실적 연장을 선험적으로 미리 규정하는 이유 또한 현실적 개별자들의 차원에 대하여 선-개별화의 차원이 가지고 있는 바로 이 선험성 때문이다.

그렇다면 이처럼 사건을 발생하게 하는 동력은 과연 무엇일까? 도대체 무엇 때문에 선-개별화의 차원에서 현실적 개별자들의 차원으로 이동하는 개별화가 일어나는 걸까? 한마디로 그것은 존재가 역능이요 운동이기 때문이다. 즉 존재 자체가 존재자들을 생산함으로써만 실재하는 힘, 다시 말해 생산 역능이자 운동이기 때문에 사건이 발생하고 개별화가 일어나는 것이다. 또는 이 점을 우리는 이렇게 말할 수도 있다. 존재는 그 자체가 사건-줄들의 평면, 따라서 사건이 발생하는 장이다. 이때 사건-줄들의 평면은 결코 정적인 평면이 아니다. 그것은 오로지 끊임없이 건설 중인 상태로만 존재하는 평면이다. 마찬가지로 사건이 발생하는 장 역시 결코 바깥으로부터 힘이 가해져야만 작동하는 수동적인 장이 아니다. 그것은 오로지 계속해서 사건이 발생함으로써만 실재하는 능동적인 장이다. 요컨대 존재의 생산 역능, 그것은 이처럼 언제나 실행 중인 개별화의 역능이기도 한 것이다. 존재의 이 개별화의 역능을 가리켜 들뢰즈는 시공간적 역동dynamisme spatio-temporel이라고 표현한다. (이 표현 속에 시공간 개념이 들어 있는 이유는 개별화 과정 그 자체가 현실적 차원 속에서 개별적인 공간과 시간을 창조하는 과정이기 때문이다.)

한편 이렇게 사건이 발생했으면, 또는 선-개별화의 차원에서 현실적 개별자들의 차원으로 이동하는 개별화가 일어났으면, 당연히 사건의 주체, 개별화의 주체가 있어야 할 것이다. 어찌 사건의 주체 없이 사건이 발생할 수 있으며, 개별화의 주체 없이 개별화가 일어날 수 있단 말인가! 이때 사건의 주체는 한마디로 존재다. 언제나 건설 중인 상태로만 존재하는 평면, 바로 그 평면으로서의 존재 말이다. 우리가 특별히 인간과 관련된 사건만을 골라서 주체 문제를 거론할 경우에도 상황은 마찬가지다. 즉 이 경우에도 사건의 주체는 결코 우리가 일상적으로 말하는 인격적 주체가 아니다. 그것은 앞에서 우리가 세계와 분간이 안 되는 인간을 말하면서 거론한 사건-줄들의 평면으로서의 인간, 즉 주체와 객체가 분간이 안 되는 그런 비인격적 주체로서의 인간이다. 실제로 들뢰즈는 이런 의미의 주체를 가리켜 유충과도 같은 주체라고 표현한다. 바로 이런 유충과 같고, 애벌레와 같은 주체, 배 속의 태아와 같은 주체만이 시공간적 역동이 야기하는 개별화의 강압, 성충과 같은 주체, 인격을 갖춘 어른 주체는 결코 감당할 수 없는 그 무지막지한 강압을 이겨내면서 개별화의 과정에 활기를 불어넣는다.

이렇게 볼 때 세계는 들뢰즈가 말하는 것처럼 현실적 차원과 분간이 안 되는 잠재적 차원으로서의 알과 같다. 시공간적 역동의 강압과 이 강압을 이겨내며 개별화 중인 생물학적으로 배胚와도 같은 주체를 담고 있는 알, 따라서 그 자체가 시공간적 역동체와도 같은 알을 떠올려보라. 또는 수학적으로 말해서 세계는 적분의 영역과 분간이 안 되는 미분의 영역과 같다. 무한한 수의 도함수가 빽빽이 들어차 있기에 그로부터 무한한 수의 원함수가 적분되어 나올 미분의 영역, 하지만 결코 정적이지 않고 언제나 꿈틀대며 원함수를 토해내는 미분의 영역, 따라서 그 자체가 시공간적 역동의 좌표와도 같은 그런 미분의 영역을 상상해보라. 이처럼 현실적 개별자들의 차원과 분간이 안 되는 선-개별화의 차원, 언제나 사건이 발생 중이며 개별화가 진행 중인 시공간적 역동의 현장과도 같은 선-개별화의 차원, 이것이 바로 세계다. 이 세계에서는 언제나 그랬듯이 지금도, 또 앞으로도 계속해서 개별화의 사건이 일어났고, 일어나며, 일어날 것이다. 개별-차등/이화의 논리를 따라서…….

제2부

들뢰즈와 베이컨의 만남

1. 철학과 예술

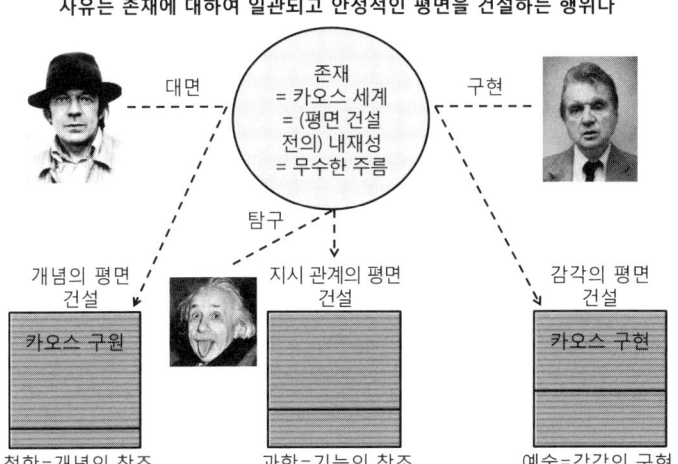

들뢰즈의 독특한 글쓰기 방식으로, 화자話者를 숨긴 상태에서 다른 사람의 입을 빌려 자신의 이야기를 하는 자유간접화법自由間接話法style indirect libre이 있다. 예를 들어 들뢰즈가 스피노자, 니체, 베르그손, 푸코에 대해 쓴 책들이 이 같은 화법을 보여준다. 이 책들은 다음과 같은 두 가지 특징을 갖는다. 첫째로, 들뢰즈가 자신의 이야기를 다른 사람의 입을 빌려 하고 있기 때문에 우리는 이 책들의 내용이 과연 들뢰즈 본인의 것인지 아니면 입을 빌려준 다른 사람의 것인지 알 수 없을 때가 있다. 둘째로, 입을 빌려준 사람은 다양할지라도 어쨌든 결국에는 들뢰즈 본인의 이야기를 하고 있기 때문에 이 책들은 그 내용의 다양함에 상관없이, 더 나아가 말하는 입이 서로 다른 책들 간에도 확실한 일관성을 보여준다. 따라서 우리는 이로부터 들뢰즈식 자유간접화법이 유효하게 작동하기 위해서는 다음과 같은 선행조건이 충족되어야 함을 알 수 있다. 그것은 들뢰즈와 그에게 입을 빌려준 사람이 같은 사유의 길을 걷는 동지 관계에 있거나, 아니면 적어도 같은 사유의 길을 걸을 수 있는 가능한 동맹 관계에 있어야 한다는 조건이다. 우리가 스피노자-들뢰즈, 니체-들뢰즈, 베르그손-들뢰즈 같은 개념적 인격을 창조할 수 있는 것 또한 이들이 사유의 동지 관계 혹은 동맹 관계에 있기 때문이다.

이런 식의 자유간접화법은 들뢰즈에게 입을 빌려주는 사람이 철학자가 아닌 경우에도 나타난다. 예를 들어 지금 우리의 관심 인물인 화가 베이컨이 그렇다. 들뢰즈는 철학자 스피노자의 입, 즉 스피노자의 사유를 빌려서 자신의 이야기를 하는 것과 마찬가지로 화가 베이컨의 입, 즉 베이컨의 그림을 빌려서 자신의 이야기를 한다. 따라서 우리는 묻지 않을 수 없다. 철학자 들뢰즈와 화가 베이컨 사이에, 즉 철학자 들뢰즈의 이야기와 화가 베이컨의 그림 사이에 도대체 어떤 동지 관계 또는 어떤 가능한 동맹 관계가 있는 걸까? 또 많고 많은 예술가 가운데서도 왜 하필이면 베이컨일까?

이 물음에 대한 답변은 철학자와 화가의 관계를 따지는 것이 아닌, 철학과 예술의 관계를 따지는 것에서부터 시작해야 한다. 왜냐하면 철학자와 화가가 동지 관계 또는 가능한 동맹 관계를 맺을 수 있으려면, 철학자가 하는 일과 화가가 하는 일이 겉으로는 서로 다르다 할지라도 결국에는 같은 일 또는 적어도 동일한 범주 아래 묶일 수 있는 일이어야 하기 때문이다. 생각해보라. 철학가가 그렇고 그런 일상의 사유가 아니라 자신의 일관되고 엄격한 사유, 극도로 정제된 사유를 다른 사람의 입을 통해 전하려고 할 때, 그 자신이 하는 일과 그가 입을 빌리려고 하는 사람이 하는 일이 서로 어지간히 유사하지 않고서는 이와 같은 자유간접화법의 시도는 애초부터 엄두조차 낼 수 없는 일이지 않겠는가! 따라서 우리는 들뢰즈에게 있어서 철학과 예술은, 또는 철학이 하는 일과 예술이 하는 일은 서로 무척이나 유사할 것이라고 짐작할 수 있다. 예를 들어 우리는 들뢰즈가 영화에 대하여 두 권의 책(『시네마 1—운동이미지』, 『시네마 2—시간이미지』)을 썼다는 것을 안다. 이 두 권의 책에서 들뢰즈는 자신의 해박한 지식을 담아 영화에 대하여 많은 이야기를 하지만 궁극적으로 이야기하는 것은 역시 자신의 존재론이다. 들뢰즈가 이처럼 영화에 대하여 영화의 용어로 이야기하면서 동시에 자신의 존재론을 이야기할 수 있는 이유는 들뢰즈에게 있어서 철학이 하는 일과 영화가 하는 일이 무척이나 유사하기 때문이다. 철학과 영화, 철학과 예술 사이의 이 유사함이 들뢰즈의 책 『철학이란 무엇인가』에 자세하게 명시되어 있다.

들뢰즈에게 있어서 존재는 세계이며, 세계는 카오스chaos로서의 세계다. 자연과학 법칙이 알려주는 것처럼 비록 세계가 일정한 질서를 간직하고 있다 할지라도 아직 사유되지 않은 세계는 여전히 우리에게 카오스라고 할 수 있는 것이다. 일상에서 우리도 우리가 가보지 않은 곳을 가리켜 '미지의 암흑세계'라는 표현을 쓰지 않는가! 한편 존재는 내재성이라고도 할 수 있다. 존재함과 사유됨에 있어서 자기 자신 말고 다른 것을 전혀 필요로 하지 않는 내재성, 마치 신이 모세에게 자신을 '스스로 존재하는 자'라고 소개했을 때의 '스스로 존재하는 자'와 같은 내재성, 마치 스피노자가 실체를 오로지 생산함으로써만 실재하는 자기 원인적 힘이라고 했을 때의 '자기 원인적 힘'과 같은 내재성 말이다. 하지만 아직 사유되지 않은 세계가 카오스인 것과 마찬가지로 아직 사유되지 않은 내재성은 평면으로 건설되기 이전의 내재성이다. 그것은 아직 형태가 주어지지 않았지만 그로부터 여러 형태가 도출될 수 있는 진흙이나 떡 덩어리처럼, 그로부터 이러저러한 내재성의 평면이 건설될 수 있는 내재성의 덩어리라고 할 수 있는 것이다.

그런데 바로 이 존재 또는 세계 또는 내재성을 대상으로 삼아서 철학자는 정직하고 진지하게 대면하고, 과학자는 정직하고 진지하게 탐구하며, 예술가는 정직하고 진지하게 구현한다. (만약 정직하고 진지하지 않게 대면, 탐구, 구현할 경우에는 건설된 내재성의 평면이 존재를 그 모습 그대로 담아내거나 드러내지 못하게 될 것이다.) 즉 존재 또는 세계 또는 내재성을 대상으로 철학자, 과학자, 예술가가 사유를 하고 있는 것이다. 이 사유 행위는 그 자체가 건설 행위이기도 하다. 왜냐하면 사유 행위는 덩어리 상태의 내재성을 사유를 통해 건드림으로써 건드려진 내재성으로, 다시 말해 일관적이고 안정적으로 건설된 내재성으로 만드는 행위이기 때문이다. 마치 떡 덩어리를 일관되고 안정된 이런저런 형태를 가진 떡으로 만드는 것처럼 말이다. 내재성의 평면이란 이렇게 해서 건설된 내재성을 말한다. 따라서 이로부터 들뢰즈에게 있어서의 사유의 이미지 또는 사유에 대한 정의가 자연스럽게 뒤따라 나온다. 즉 들뢰즈에게 있어서 사유란 존재에 대하여 무언가 일관되고 안정적인 평면을 만드는 행위를 말한다. 그리고 바로 이런 맥락 아래 철학, 과학, 예술은 우리가 하는 사유의 세 형식을 이룬다. 사유의 이 세 형식을 하나씩 간략하게 살펴보도록 하자.

먼저 사유로서의 철학이 있다. 보다 쉬운 이해를 위해 눈을 감고 상상을 해보자. 여기에 철학자가 서 있다. 우리가 이미 보았듯이 세계, 즉 내재성을 줄들의 총체라고 한다면, 이제 이 철학자는 사유되기 이전의 덩어리 상태의 내재성, 즉 덩어리 상태로 있는 줄들의 총체를 대상으로 대면하게 될 것이다. 물론 이 경우 철학자에게 있어서 줄이란 곧 개념-줄을 말한다. 마치 줄이 화가에게는 시각과 관련된 감각-줄(색과 선-줄), 음악가에게는 청각과 관련된 감각-줄(소리-줄), 요리사에게는 미각과 관련된 감각-줄(맛-줄)인 것처럼 말이다. 따라서 화가, 음악가, 요리사가 시각, 청각, 미각과 관련된 감각을 통해 사유를 하는 것과 마찬가지로 철학자는 개념을 통해 사유를 한다. 이때 개념을 통해 사유를 한다는 것은 철학자가 덩어리 상태로 있는 개념-줄들의 총체에 보다 깊게 줄을 긋는 행위, 그리하여 철학자 고유의 내재성의 평면을, 보다 정확하게 말하면 철학자 고유의 개념의 평면을 건설하는 행위를 말한다. 그리고 이렇게 해서 건설된 개념의 평면은 세계에 대한 철학자의 사유, 그러니까 철학자 자신의 세계관 또는 존재론을 이루게 된다. 예를 들어 플라톤은 덩어리 상태로 있는 개념-줄들의 총체에 이데아라는 개념-줄을 깊게 그음으로써 보다 일관되고 안정적인 개념의 평면을 건설했으며, 이 건설의 결과물로 그의 이데아론 또는 이데아론에 근거한 세계관을 내놓았다. 마찬가지로 스피노자는 실체, 속성, 양태라는 개념-줄, 칸트는 선험, 비판이라는 개념-줄, 헤겔은 변증법, 절대정신이라는 개념-줄, 니체는 영원회귀, 권력의지라는 개념-줄을 그음으로써 각자가 자기 고유의 독특한 세계관을 내놓았다. 이것은 들뢰즈에게 있어서도 마찬가지다. 들뢰즈 역시 예를 들어 일의성, 차이, 반복, 잠재적인 것, 현실적인 것 등의 개념-줄을 그음으로써 그만의 세계관, 즉 일의적 세계관을 내놓았다.

  그리고 이러한 사실부터 들뢰즈에게 있어서 철학이 어떻게 정의되는지가 분명해진다. 철학은 한마디로 말해 개념의 창조다. 즉 개념-줄을 그음으로써 개념을 발생시키고, 이를 통해 개념의 평면을 건설하는 것이 바로 철학이요, 철학이 하는 일이다. 조금 생소해 보이지만 들뢰즈가 철학을 개념의 창조라고 정의하는 이유가 바로 이것이다. 철학자는 이렇게 개념을 창조하고 또 창조된 개념을 통해 개념의 평면을 건설함으로써 궁극적으로 세계를 사유 가능하게 해준다. 앞에서 우리는 사유되기 이전의 세계, 사유가 건드리기 이전의 세계를 카오스라고 했다. 그 자체로서의 세계, 그것은 카오스 세계인 것이다. 그런데 바로 이 카오스 세계를 철학자는 개념을 창조하고 개념의 평면을 건설함으로써 일관되고 안정적인 세계로, 그리하여 사유와 소통이 가능한 세계로 만든다. 사유가 건드리게 되는 카오스 세계의 그 무한함을 가능한 한 하나도 놓치지 않으면서 말이다. 따라서 이로부터 들뢰즈가 생각하는 철학의 목적 또한 자연스럽게 부각된다. 그것은 카오스 세계를 사유 가능하고 소통 가능한 세계로 만드는 것, 말하자면 카오스 세계를 구원하는 것이다. 죽어가는 세계를 살려낸다는 의미의 구원이 아니라, 카오스 세계를 사유와 소통이 가능한 세계로 만든다는 의미의 구원 말이다. 앞에서 든 예를 다시 취하여 말하면, 마치 플라톤이 이데아라는 개념을 창조한 후, 바로 이 이데아 개념-줄로 재단되고 건설된 개념의 평면을 가지고서 세계를 설명한 것 같이, 그리하여 세계가 플라톤의 설명을 따라서 사유와 소통이 가능하게 된 것같이 말이다. (물론 이때 우리가 사유와 소통이 가능하게 된 플라톤의 세계관에 동의하느냐 동의하지 않느냐는 완전히 다른 문제다.)

다음으로 사유로서의 과학이 있다. 철학자가 서 있듯이 여기에 과학자가 서 있다. 철학자가 그런 것처럼 과학자 또한 사유되기 이전의 덩어리 상태의 내재성, 즉 덩어리 상태로 있는 줄들의 총체를 대상으로 탐구하게 될 것이다. 물론 이 경우 과학자의 줄은 철학자의 그것과 다르다. 과학자에게 있어서 줄은 지시 관계-줄, 그중에서도 특히 인과적 지시 관계-줄을 말한다. 따라서 철학자가 개념을 통해 사유를 하는 것과 마찬가지로 과학자는 지시 관계를 통해 사유를 한다. 이때 지시 관계를 통해 사유를 한다는 것은 과학자가 덩어리 상태로 있는 지시 관계-줄들의 총체에 보다 깊게 줄을 긋는 행위, 그리하여 과학자 고유의 내재성의 평면을, 보다 정확하게 말하면 과학자 고유의 지시 관계의 평면을 건설하는 행위를 말한다. 철학자가 자기 고유의 개념의 평면을 건설하는 것과 마찬가지로 말이다. 하지만 철학자와 달리 과학자는 지시 관계의 평면을 건설하면서 카오스 세계의 무한함에 대해서는 관심이 없다. 그는 카오스 세계의 무한함에 대해 사유하는 것을 포기하고 단지 기능을 염두에 둔 지시 관계만을 추구할 뿐이다. 이를 위하여 과학자는 덩어리 상태로 있는 줄들의 총체를 순간적으로 고정시킨 다음 유용성과 실용성으로 짜인 그물망으로 줄들을 건져내어 지시 관계의 함수를 만든다. 이것이 바로 과학자가 지시 관계의 평면을 건설한다는 말의 의미다. 그리고 이렇게 건설된 지시 관계의 평면에서 기능이 발생한다. 유용하고 실용적인 기능, 우리의 현실적 필요를 채우는 기능 말이다. 따라서 이로부터 과학의 정의가 자연스럽게 다음과 같이 도출된다. 과학은 기능의 창조다.

마지막으로 사유로서의 예술이 있다. 철학자가 서 있듯이, 또 과학자가 서 있듯이 여기에 예술가가 서 있다. 철학자와 과학자가 그런 것처럼 예술가 또한 사유되기 이전의 덩어리 상태의 내재성, 즉 덩어리 상태로 있는 줄들의 총체를 대상으로 그것을 구현하게 될 것이다. 이 경우 예술가의 줄은 철학자와 과학자의 그것과 달리 감각-줄을 말한다. 따라서 철학자와 과학자가 개념과 지시 관계를 통해 사유를 하는 것과 마찬가지로 예술가는 감각을 통해 사유를 한다. 이때 감각을 통해 사유를 한다는 것은 예술가가 덩어리 상태로 있는 감각-줄들의 총체에 보다 깊게 줄을 긋는 행위, 그리하여 예술가 고유의 내재성의 평면을, 보다 정확하게 말하면 예술가 고유의 감각의 평면(또는 감각으로 이루어진 구성의 평면)을 건설하는 행위를 말한다. 철학자와 과학자가 자기 고유의 개념의 평면, 지시 관계의 평면을 건설하는 것과 마찬가지로 말이다. 그리고 이렇게 해서 건설된 감각의 평면은 세계에 대한 예술가의 사유, 그러니까 무한한 카오스 세계를 사유한 예술가가 사유된 그 무한한 카오스 세계를 유한한 질료에 육화시켜 구현 또는 복원한 예술 작품을 가리키게 된다. 예술가에게 있어서 감각-줄을 긋는 일, 그것은 이처럼 감각의 평면을 건설하는 일이자, 발생한 감각에 질료를 입힌 예술 작품을 창조하는 행위와 다른 것이 아닌 것이다.

따라서 이로부터 예술의 정의가 자연스럽게 따라 나온다. 예술은 곧 감각의 구현이다. 즉 감각-줄을 그음으로써 감각을 발생시키고, 이렇게 발생한 감각에 질료를 입힌 예술 작품을 창조함으로써 감각을 구현하는 것이 바로 예술이요, 예술이 하는 일인 것이다. 예술가는 이렇게 감각을 구현한 예술 작품을 창조함으로써, 또는 창조된 예술 작품을 통해 감각의 평면을 건설함으로써 궁극적으로 세계를 구현 또는 복원한다. 앞에서 이미 말했듯이 사유되기 이전의 세계, 그 자체로서의 세계는 카오스 세계다. 그런데 바로 이 카오스 세계를 철학자가 그렇게 하는 것처럼 예술가 또한 예술 작품을 창조하고 감각의 평면을 건설함으로써 일관되고 안정적인 세계로 구현 또는 복원한다. 사유가 건드리게 되는 카오스 세계의 그 무한함을 가능한 한 하나도 놓치지 않으면서 말이다. 따라서 이로부터 들뢰즈가 생각하는 예술의 목적 또한 자연스럽게 드러난다. 그것은 무한한 카오스 세계를 유한한 예술 작품 속에 그 모습 그대로 담는 것, 말하자면 예술 작품을 통해 무한한 카오스 세계를 구현 또는 복원하는 것이다. 예를 들어 베이컨이 그의 그림을 통해서 존재 또는 무한한 카오스 세계를 그 모습 그대로 구현 또는 복원하는 것처럼 말이다.

이렇게 볼 때 우리는 예술, 즉 감각의 구현을 지탱하는 세 요소를 다음과 같이 꼽을 수 있다. 첫째, 건설해야 할 감각의 평면이 있다. 둘째, 예술 작품을 창조함으로써 감각의 평면을 건설하는 예술적 주체가 있다. 셋째, 예술적 주체가 창조해야 할 예술 작품, 다시 말해 구현된 감각인 예술 작품이 있다. (물론 우리는 이와 꼭 마찬가지의 논리로 철학, 즉 개념의 창조를 지탱하는 세 요소 또한 다음과 같이 꼽을 수 있을 것이다. 첫째, 건설해야 할 개념의 평면, 둘째, 개념을 창조함으로써 개념의 평면을 건설하는 철학적 주체, 셋째, 철학적 주체가 창조해야 할 개념이 그것이다.) 우리가 예술의 이 세 요소 가운데 특별히 주목하고자 하는 것은 두 번째 요소, 즉 감각의 평면을 건설하는 예술적 주체다. 우리가 앞에서 들뢰즈의 인간관을 이야기할 때 이미 지적했듯이 들뢰즈에게 있어서 인간은 세계와 마찬가지로 사건-줄들의 총체로 고려된 인간이다. 따라서 이런 인간은 결코 근대의 이성적이고 합리적인 인격체를 가리키는 주체가 아니다. 이런 인간은 객체(각각의 사건-줄)와 분간이 안 되는 주체(사건-줄들의 총체 또는 평면)요, 자기의식 또는 인격이 들어설 여지가 전혀 없는 주체다. 존재론적으로 볼 때, 감각의 평면 위에서 사유를 하는 예술적 주체, 또는 예술작품을 창조하면서 감각의 평면을 건설하는 예술적 주체는 근대의 경험적 주체에 논리적으로 앞서는 선험적 주체요, 주체와 객체가 분간이 불가능하다는 점에서 결코 재현再現représentation의 기능을 할 수 없는 비재현적 주체이자, 능동적일 수도 없고 수동적일 수도 없는 능동-수동의 중립적 주체다. 이런 비인격적 주체는 베이컨-들뢰즈에게서 매우 큰 중요성을 갖는다. 왜냐하면 오로지 이런 비인격적 주체만이 예술의 정의인 감각의 구현과 예술의 목적인 카오스 세계의 구현을 온전히 성취할 수 있기 때문이다. 실제로 우리는 이 비인격적 주체를 베이컨의 그림에 대한 들뢰즈의 해석 속에서 종종 만나게 될 것이다.

철학과 예술의 관계

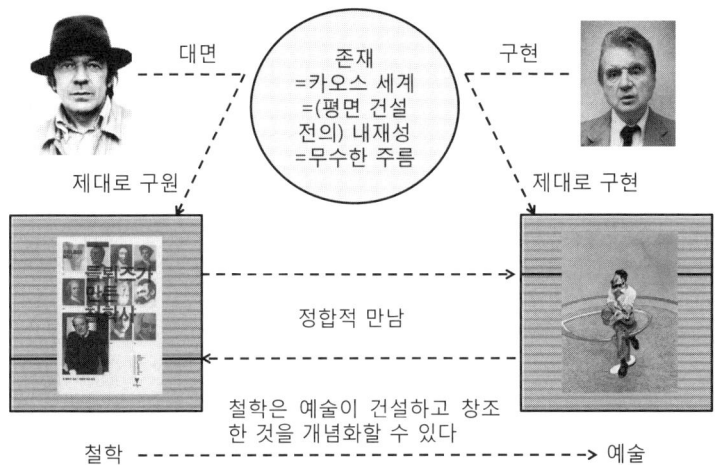

따라서 우리는 들뢰즈를 따라서 이렇게 말할 수 있다. 사유의 세 형식인 철학, 과학, 예술이 있으며, 이 세 사유는 각각 개념을 통해, 지시 관계를 통해, 감각을 통해 사유한다고, 그리하여 이 세 사유는 각자에게 고유한 개념의 평면, 지시 관계의 평면, 감각의 평면을 건설한다고 말이다.

그렇다면 당연히 철학, 과학, 예술은 서로 분명히 구분될 수밖에 없다. 왜냐하면 세 사유 모두 세계를 동일한 대상으로 하고 있지만, 세계를 사유하는 방식이 각각 개념, 지시 관계, 감각으로 서로 다를 뿐 아니라, 각자가 건설하는 평면의 본성 또한 서로 극명히 다르기 때문이다. 요컨대 철학, 과학, 예술은 서로 간에 우열을 따질 여지가 전혀 없는, 따라서 서로에게 종속됨이나 귀속됨이 있을 수 없는 그런 동등한 라이벌 관계를 이룬다고 할 수 있다.

철학은 따라서 과학과 예술에게 밤 놔라 대추 놔라 하는 식으로 요구하거나 간섭해서는 안 되며 또 그럴 수도 없다. 물론 다른 두 사유도 마찬가지다. 세 사유 가운데 그 어느 사유에게도 이런 식의 우위를 보장하는 특권은 없다. 하지만 특별히 철학만은 과학과 예술을 개념화할 수 있는 특권을 가진다. 즉 과학과 예술이 건설하고 창조한 것을 철학은 그 모습 그대로 개념화할 수 있다. 왜냐하면 세 사유 모두가 서로 동등한 사유, 서로에게 간섭할 수 없는 사유임은 분명하지만, 그럼에도 불구하고 철학은 과학이나 예술과 달리 개념을 통한 사유, 따라서 결코 간섭함이 없는 상태에서 과학과 예술을 그 모습 그대로 개념을 통해 언어로 담아낼 수 있는 사유이기 때문이다. 예를 들어 들뢰즈의 프루스트론, 카프카론, 베이컨론, 회화론, 영화론 등은 모두 철학의 이런 개념화 작업의 산물이다.

그렇다면 우리는 이러한 사실로부터 철학과 예술의 관계에 대하여 다음과 같은 연역적 맥락을 도출해낼 수 있다.

　1) 철학이 카오스 세계를 정직하고 진지하게 대면해서 개념

의 평면을 제대로 건설한다면, 또는 철학이 카오스 세계를 제대로 구원한다면,

2) 예술이 카오스 세계를 정직하고 진지하게 구현해서 감각의 평면을 제대로 건설한다면, 또는 예술이 카오스 세계를 제대로 구현한다면,

3) 동일한 대상인 카오스 세계를 제대로 구원한 철학과 제대로 구현한 예술은 마치 서로 잘 맞물려 돌아가는 두 개의 톱니바퀴처럼 서로를 정합적으로 만나게 된다.

4) 철학과 예술의 이 정합적인 만남으로부터 자연스럽게 우리는 다음과 같은 결론을 내릴 수 있다. 예술은 철학의 또 다른 표현 방식이다.

물론 이 연역적 맥락은 우리의 주인공 철학자 들뢰즈와 화가 베이컨의 관계에도 동일하게 적용 가능하다.

1) 철학자 들뢰즈는 카오스 세계를 정직하고 진지하게 대면해서 개념의 평면을 제대로 건설했다. 또는 철학자 들뢰즈의 존재론은 카오스 세계를 제대로 구원했다.

2) 화가 베이컨은 카오스 세계를 정직하고 진지하게 구현해서 감각의 평면을 제대로 건설했다. 또는 화가 베이컨의 그림은 카오스 세계를 제대로 구현했다.

3) 동일한 대상인 카오스 세계를 제대로 구원한 철학자 들뢰즈와 제대로 구현한 화가 베이컨은 마치 서로 잘 맞물려 돌아가는 두 개의 톱니바퀴처럼 서로를 정합적으로 만난다.
4) 철학자 들뢰즈와 화가 베이컨의 이 정합적인 만남으로부터 자연스럽게 우리는 다음과 같은 결론을 내릴 수 있다. 화가 베이컨의 그림은 철학자 들뢰즈의 존재론의 또 다른 표현이다.

앞에서 우리는 철학은 예술이 건설하고 창조한 것을 그 모습 그대로 개념화할 수 있다고 했다. 따라서 이 개념화의 특권 아래 철학자 들뢰즈는 화가 베이컨의 그림을 그 모습 그대로 개념화할 수 있게 된다. 그런데 방금 보았듯이 동일한 대상인 카오스 세계를 제대로 구원한 철학자 들뢰즈와 제대로 구현한 화가 베이컨은 서로를 정합적으로 만난다. 즉 표현 방식만 서로 다를 뿐이지, 철학자 들뢰즈의 존재론과 화가 베이컨의 그림 모두가 동일한 대상에 대하여 동일한 이야기를 하고 있는 것이다. 따라서 이 모든 것을 고려할 때, 철학자 들뢰즈가 화가 베이컨의 그림을 그 모습 그대로 개념화하는 것, 그리고 이렇게 개념화하면서 베이컨의 그림을 통해 자신의 존재론을 이야기하는 것은 전적으로 합당한 일이다. 요컨대 들뢰즈의 자유간접화법은 그것이 스피노자, 니체, 베르그손에게서 유효했던 것처럼 베이컨에게서도 똑같이 유효한 것이다.

한편 철학은 예술이 건설하고 창조한 것을 그 모습 그대로 개넘화할 수 있다는 사실로부터 우리는 들뢰즈의 예술론 또한 확인할 수 있게 된다. 왜냐하면 철학자 들뢰즈가 예술을 그 모습 그대로 개념화할 경우, 이렇게 들뢰즈에 의해서 개념을 통해 언어적으로 옮겨진 예술이란 곧 들뢰즈의 예술에 관한 생각, 즉 들뢰즈 고유의 예술론일 것이기 때문이다. 들뢰즈의 이 예술론에 따르면 예를 들어 예술 작품은 존재 또는 무한한 카오스 세계가 유한한 질료 속에서 구현된 것을 말한다. 혹은 존재 또는 무한한 카오스 세계에 대한 예술적 주체의 선험적이고 비재현적인 감각이 유한한 질료 속에서 집약된 것을 말한다. 마찬가지 맥락에서 들뢰즈의 예술론에 따르면 예술가가 하는 일 또는 예술가의 과업은 바로 이와 같은 선험적이고 비재현적인 감각의 구현이 된다. 왜냐하면 예술가가 자신의 예술 행위를 통해 생산해야 하는 실질적 결과물인 예술 작품이 바로 이 선험적이고 비재현적인 감각의 집약체이기 때문이다. 따라서 들뢰즈의 예술론에 따르면 화가의 과업은 선험적이고 비재현적인 감각 그리기가 된다. 당연히 음악가의 과업은 이와 같은 감각 들리게 하기가 될 것이며, 요리사의 과업 또한 이와 같은 감각 맛내기가 될 것이다. 그리고 이와 같은 감각 그리기, 들리게 하기, 맛내기는 그 자체가 매 순간 감각의 평면을 살기, 감각의 평면을 건설하기가 될 것이다.

그렇다면 묻자. 과연 어떻게 존재 또는 무한한 카오스 세계를 유한한 질료 속에서 그 모습 그대로 구현할 수 있을까? 과연 어떻게 선험적이고 비재현적인 감각을 그릴 수 있을까? 그런 예술가, 화가가 있을까? 그런 화가가 있다! 들뢰즈에게 있어서는 베이컨이 바로 그런 화가다.

2. 존재론에서 회화로, 회화에서 존재론으로

따라서 이제부터 베이컨의 그림을 통해 들뢰즈가 자신의 이야기를 하는 것이 이론적으로 가능해진다. 다른 철학자들의 입을 빌리듯이 베이컨의 그림을 빌려서 자유간접화법의 방식으로 들뢰즈가 자신의 세계관, 자신의 존재론을 이야기할 수 있게 된 것이다. 들뢰즈가 베이컨에 대하여 쓴 책『감각의 논리』를 읽을 때 우리가 존재론에서 회화로, 또 회화에서 존재론으로 끊임없이 이동하는 것은 이 때문이다. 우리는 들뢰즈의 이 회화 존재론을『감각의 논리』의 구성 맥락을 따라서 다음과 같이 네 부분으로 나누어서 살펴보고자 한다.

먼저 우리는 베이컨의 그림과 들뢰즈의 존재론 사이에 존재하는 동형 관계부터 살펴볼 것이다. 이 작업을 통해 우리는 베이컨 그림의 세 요소와 들뢰즈의 존재론에서 거론될 수 있는 존재론적 항들 사이의 대응 관계를 확인한 다음, 그 결과 '베이컨의 그림 = 들뢰즈 존재론의 회화적 표현'이라는 등식이 성립될 수 있음을 밝힐 것이다.

다음 단계로 우리는 베이컨의 그림이 어떻게 들뢰즈의 존재론적 논제를 표현하고 있는지 살펴볼 것이다. 이 작업은 특히 베이컨의 그림이 들뢰즈 존재론의 운동의 논제, 분간 불가능성의 논제, 일의적인 종합의 논제를 회화적으로 어떻게 표현하고 있는지 우리에게 구체적으로 보여줄 것이다.

그리고 우리는 베이컨의 그림과 들뢰즈의 존재론 사이의 관계를 확인하는 최종 단계로서, 베이컨의 그림이 들뢰즈적 존재를 과연 어떻게 구현하고 있는지 살펴볼 것이다. 이 작업을 통해 우리는 베이컨의 그림 중에서도 특히 삼면화가 존재의 운동을 일의적으로 종합함으로써 들뢰즈적 존재를 가장 완벽하게 구현하고 있음을 확인할 수 있을 것이다.

그다음 우리는 베이컨의 그림이 이처럼 존재를 구현하는 일 또는 감각을 구현하는 일에 성공한 것이 사실이라면 도대체 그것이 어떤 방식으로 가능했는지를 베이컨 고유의 그리기 방식을 검토함으로써 구체적으로 살펴볼 것이다. 이를 위해 베이컨 고유의 그리기 방식인 채색주의를 들뢰즈의 존재론적 논의의 틀로 해석한 다음, 그 해석의 결과를 회화사적 맥락 속에서 확인할 것이다.

마지막으로 베이컨의 채색주의에 대한 이 같은 해석의 의미를 서양의 회화사적 맥락에서 찾아볼 것이다. 이 작업을 통해 베이컨의 채색주의가 고대 이집트 예술 이래로 눈이 포기해야 했던, 눈의 촉각적 기능을 눈에게 되돌려준다는 것을 알 수 있을 것이다.

베이컨 그림의 세 요소와 들뢰즈 존재론의 관계

베이컨 그림의 세 요소

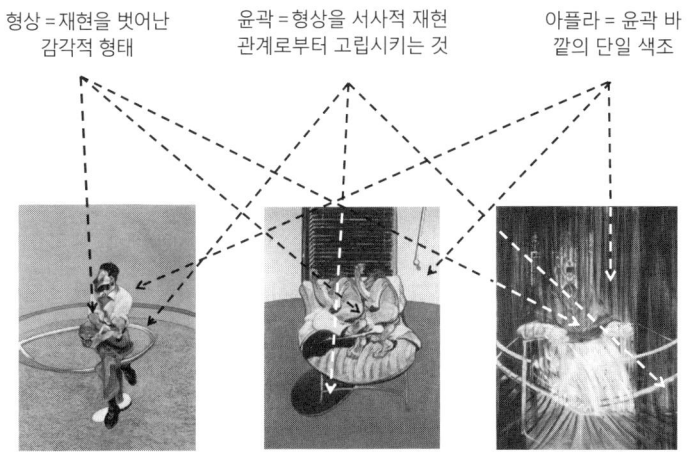

베이컨의 그림은 형상Figure, 윤곽contour, 아플라aplat의 세 요소로 이루어져 있다.

먼저 첫 번째 요소인 형상을 살펴보자. 베이컨의 그림에서 형상의 주된 소재는 대개의 경우 인물, 그 가운데서도 특히 머리와 신체다. 베이컨이 그린 수많은 초상화의 머리들, 기이하게 뒤틀린 신체들이 이 형상에 해당한다(그림 1, 4, 6, 7, 9, 10). 수법의 측면에서 볼 때 형상은 문지르고 쓸고 뿌리는 등의 수법으로 인해 때로는 뭉개지고, 때로는 쏠리고, 또 때로는 갈라지고 비틀어진 형태로 나타난다. 색채의 측면에서 볼 때 형상은 고흐의 그것처럼 강렬한 색채를, 따라서 끔찍하다고 할 정도로 매우 강도 높은 정열을 담고 있다. 정서의 측면에서 볼 때 형상은 예를 들어 고기라는 소재가 불러일으키는 폭력(그림 2), 근엄한 교황이 왜곡되고 뒤틀리게 그려진다거나 동물처럼 그려짐으로써 야기하는 폭력(그림 3), 형상 자체의 끔찍한 형태가 보여주는 폭력 등 무지막지한 폭력성을 보여준다. 요컨대 베이컨의 그림에서 형상은 우리의 일상적이고 정상적인 시각, 이성적이고 합리적인 시각으로 볼 때 비일상적이고 비정상적인 인물, 비이성적이고 비합리적인 인물로 나타난다. 왜 그럴까? 베이컨은 왜 형상-인물을 이런 식으로 그리는 것일까? 인물을 바라보고 묘사하는 베이컨의 취향이 원래부터 이처럼 뒤틀려 있고 강렬하며 폭력적이어서 그런 것일까?

들뢰즈에 따르면 이 물음에 대한 답변은 베이컨의 개인적 취향이나 선호에서 주어지지 않는다. 그 답변은 보다 깊은 존재론적 차원에서, 주체 문제와 재현 문제에 대한 보다 깊은 비판적 통찰에서 주어진다. 먼저 그 답변을 존재론적 차원에서 구해보자. 앞에서 우리는 사건의 발생을 내재성의 평면 위에, 즉 매끈할 정도로 사건-줄들이 빽빽이 들어찬 사건-줄들의 평면 위에 줄이 그어지는 것으로 이해했다. 그런데 사건-줄들의 평면 위에 줄이 그어진다는 것은 예술가의 입장에서 보면 감각-줄들의 평면 위에 줄이 그어진다는 것을 말한다. 이렇게 발생한 감각, 즉 감각-줄들의 평면 위에 줄이 그어짐으로써 발생한 감각을 가리켜서 베이컨은 특별히 사실 fait(베이컨이 쓰는 영어로는 fact)이라고 부른다. 사실, 그것은 발생한 사건이요, 발생한 감각인 것이다. 그리고 사실의 감각적 형태, 다시 말해 발생한 감각을 형태화한 것이 바로 형상이다. 이렇게 본다면 형상은 그것이 사실을 가리키는 한에 있어서, 다시 말해 발생한 감각을 가리키는 한에 있어서 그 자체가 선험적일 수밖에 없다. 왜냐하면 감각-줄들의 평면 위에 줄이 그어지는 순간의 감각은 아직 인격적으로 가공되지 않은 감각, 다시 말해 경험 이전의 감각이기 때문이다. 즉 감각이 아직 자기의식 또는 인격이라는 그릇 속에 담기지도 않고, 또 아직 이성적이고 합리적인 방식으로 가공되지도 않은 선험적 순간이 존재하는데, 정확하게 감각-줄들의 평면 위에 줄이 그어지는 순간이 바로 이 선험적 순간인 것이다. 이때의 감각은 말 그대로 선인격적, 선이성적, 선합리적 감각이요, 따라서 비인격적, 비이성적, 비합리적 감각이라고 할 수 있다. 베이컨의 그림에서 형상, 즉 발생한 감각을 형태화한 것이 비일상적이고 비정상적인 인물, 비이성적이고 비합리적인 인물로 나타나는 존재론적 이유가 바로 이것이다.

따라서 베이컨의 그림 속 형상은 결코 데카르트적 정신(코기토 Cogito)으로 포맷된 주체, 즉 이성적이고 합리적으로 사유하는 인격체인 근대적 주체가 아니다. 형상은 결코 코기토처럼 주인공의

자리에 앉아서 자기 앞의 객체를 이성적으로 인식하고 합리적으로 재단하는 정신이 아니요, 자기 자신을 동일한 무엇으로 인식하면서 이렇게 해서 생긴 자기의식이라는 그릇을 바탕으로 인식하고 판단하는 인격체도 아니다. 형상은 객체와 분간이 불가능한 주체요, 비인격적 주체다. 주체의 문제에 관한 형상의 이 같은 특징을 보다 정확히 이해하기 위해서는 먼저 근대적 주체가 무엇인지를 분명히 알아야 한다.

우선 근대적 주체는 객체와 분리된 주체, 따라서 분리된 객체를 대상으로 그에 대해 뭔가 특권을 행사하는 주체로 나타난다. 예를 들어 데카르트적 인간은 객체인 자연의 질서를 파악하는 특권을 누리며, 심지어 칸트적 인간은 자연에 질서를 부여하기까지 하는 막강한 특권을 누린다. 이러한 특권적 주체는 근대의 모든 영역에서 활동한다. 실제로 우리는 대륙의 합리주의에서 사유의 주체를, 영국의 경험주의에서 경험의 주체를, 종교개혁에서 신앙의 주체를, 자본주의를 뒷받침하는 실증주의에서 검증과 비판의 주체를 어렵지 않게 확인할 수 있다. 요컨대 객체에 대하여 막강한 권력을 휘두르는 이성적이고 합리적인 주체인 인간이 근대라는 무대의 전면에 등장한 것이다. 이 근대적 주체는 다음과 같은 세 가지 관점에서 그 특징이 요약 정리될 수 있다. 첫째, 근대적 주체는 자기 자신에 대한 의식을 가진 인격적 주체로서 자신의 모든 행위, 행위의 대상, 행위의 결과를 자기의식 아래 인식하고 판단한다. 실제로 데카르트적 코기토가 뜻하는 '사유하는 나에 대한 의식'이란 곧 자기 자신에 대한 의식과 다른 것이 아니다. 이런 이유에서 근대적 주체는 자기의식 아래 인식되고 판단된 현실의 차원, 따라서 자기 인격이라는 그릇 속에서 가공된 현실의 차원을 자신의 활동 영역으로 갖는다. 둘째, 근대적 주체는 플라톤 이래로 줄곧 서구 사회를 지배해왔던 이성 우위의 사유 전통을 계승하며, 자신의 활동 영역을 언제나 이성적이고 합리적인 방식으로 인식하고 재단하며 재현한다. 따라서 그의 활동 영역은 이성적 질서에 의해서 규정된다. 셋째, 근대적 주체는 이성적이고 합리적인 지식 체계를 세우고 지탱하기 위하여 범주(매개로서의 범주)를 이용해서 다수를 하나로 묶는 보편성을 중시한다. 그리고 이 백과사전적 보편성은 일자 또는 하나 이데올로기로, 따라서 차이를 무시하는 이데올로기로 발전해간다.

앞에서 보았듯이 베이컨-들뢰즈는 형상을 다음과 같이 정의한다. 발생한 감각을 형태화한 것! 그런데 감각-줄들의 평면 위에 줄이 그어짐으로써 감각이 발생할 때, 이때의 감각은 접혀진 종이와 종이의 주름이 서로 분간이 안 되는 것처럼 감각-줄들의 평면(인간을 사건-줄들의 총체로 고려할 경우 주체라고 할 수 있는 것)과 분간이 안 되는 감각(객체라고 할 수 있는 것)이요, 또 아직 자기의식 또는 인격이라는 그릇 속에 담기지도 않고, 이성적이고 합리적인 방식으로 가공되지도 않은 선험적 감각이다. 따라서 이 같은 감각을 형태화한 형상이 소묘하는 주체는 당연히 근대적 주체와 완벽하게 반대되는 주체로 나타날 수밖에 없다. 우선 근대적 주체와 반대로 형상은 객체와 분간이 불가능한 주체, 따라서 객체에 대한 모든 특권이 박탈된 주체로 나타난다. 형상은 결코 주인공의 자리를 차지한 주체가 아닌 것이다. 이뿐만이 아니다. 형상은 앞에서 요약 정리한 근대적 주체의 세 가지 특징 모두와 완벽히 반대되는 대구를 형성한다. 첫째, 근대적 주체가 자기의식 아래 인식되고 판단된 현실의 차원을 자신의 활동 영역으로 갖는 것과 반대로 형상은 비인격적인 선험적 차원을 자신의 활동 영역으로 갖는다. 즉 자기의식 아래에서 인격이라는 빛으로 조명되기 이전의 것이라는 점에서 비인격적이며, 현실적 경험보다 논리적으로 앞서기 때문에 나중에 현실적 경험의 발생을 가능케 한다는 점에서 선험적인 차원을 자신의 활동 영역으로 갖는 것이다. 둘째, 근대적 주체의 활동 영역이 이성적 질서에 의해서 규정되는 것과 반대로 형상의 활동 영역은 이성적이고 합리적인 질서를 벗어나는 질서, 말하자면 탈주의 질서로 규정된다. 왜냐하면 자기의식 아래 인식되고 재단되기 이전의 비인격적 차원, 현실적인 것보다 논리적으로 앞서는 선험적 차원은 이성적이고 합리적인 주체의 관점에서는 당연히 비이성적, 비합리적으로 보일 것이고, 따라서 굳이 질서라는 말을 쓰자면 그것은 곧 탈주의 질서를 보여줄 것이기 때문이다. 셋째, 근대적 주체가 범주를 이용해서 다수를 하나로 묶는 보편성을 중시하는 것과 반대로 형상은 보편성을 완강히 거부하며, 따라서 보편성으로부터 해방된 차이를 주장한다.

한편 예술과 관련해서 결코 빼놓아서는 안 될 아주 중요한 근대적 주체의 특징이 있다. 그것은 근대적 주체는 재현의 주체라는 사실이다. 재현이란 무엇인가? 그것은 근대의 대표적 진리관이다. 예를 들어 데카르트적 코기토는 자신 이외의 모든 것을 코기토 자신으로부터 분리시켜놓고, 이렇게 분리된 객체 속에 숨겨진 질서(신이 심어놓은 질서)를 명석하고 판명하게 직관함으로써 그 모습 그대로 인식하는 주체다. '주체 자신으로부터 분리된 객체를 주체가 명석하고 판명하게 사유함으로써 그 모습 그대로 인식하기', 이 데카르트적 표현 속에 재현의 모든 것이 들어가 있다. 즉 재현이란 주체가 자신으로부터 분리되어 있는 객체를 이성적 질서에 따라서 합리적으로 옮겨놓을 경우에 보게 되는 그 모습 그대로 옮겨놓기를 말한다. 이성적 질서에 따라서 합리적으로 그 모습 그대로 옮겨놓으면 참이 되고, 그렇지 못하면 거짓이 된다는 근대의 재현적 진리관은 이렇게 등장한다. 그렇다면 베이컨의 그림 속 형상은 그 자체가 비재현적일 수밖에 없다. 왜냐하면 앞에서 이미 확인했듯이 형상이 소묘하는 주체는 객체와 분간이 불가능한 주체라는 점에서 애초부터 여기에는 재현의 대상, 즉 주체로부터 분리된 객체가 존재할 수 없기 때문이다. 이뿐만이 아니다. 경험적 세계보다 논리적으로 앞선 선험적 감각을 형태화한 것이 형상이라는 점에서 형상은 그 자체가 경험적 세계의 재현보다 논리적으로 앞선 것이다. 따라서 형상에는 결코 이성적이고 합리적인 방식으로 가공된 재현이 있을 수 없다. 형상은 경험 이전, 재현 이전의 세계에 속하는 것이다. 베이컨-들뢰즈에게 있어서 처음부터 형상이 재현을 벗어난 것으로 이야기되는 것은 바로 이런 이유 때문이다. 우리가 베이컨에 대한 들뢰즈의 글을 읽을 때, 원활한 이해를 위해서는 반드시 인정해야 할 첫 번째 조건과도 같은 것이 있다. 그것은 우리가 방금 확인한 형상의 비재현적 속성이다. 형상, 그것은 재현을 벗어난 감각적 형태인 것이다.

다음으로 베이컨의 그림을 이루는 세 요소 가운데 두 번째 요소인 윤곽을 살펴보자. 방금 보았듯이 형상은 그 자체가 재현을 벗어난 것이다. 예를 들어 베이컨이 루시앙 프로이트를 대상으로 형상을 그렸을 때, 이 형상은 결코 루시앙 프로이트를 찍은 사진처럼 예시적例示的illustratif 재현의 형태를 띠지 않는다(그림 1). 왜냐하면 형상은 그 자체로 재현을 벗어난 감각적 형태이기 때문이다. 하지만 재현에는 예시적 재현만 있는 것이 아니다. 재현에는 서사적敍事的narratif 재현 또한 있다. 예를 들어 나폴레옹의 대관식 장면을 그린 다비드의 그림을 떠올려보자. 이 그림은 한 화폭 위에 수많은 인물을 담고 있다. 당장 중앙에 나폴레옹과 조세핀이 있고, 그 뒤에는 사제들이 있으며, 뒤쪽 배경의 안으로 움푹 들어간 어두운 공간에는 나폴레옹의 가족이 자리를 잡고 있고, 그 옆에는 많은 귀족과 귀부인이 서 있다. 이때 그림 속 나폴레옹은 실제의 나폴레옹을, 그림 속 조세핀은 실제의 조세핀을, 그림 속 사제, 가족, 귀족, 귀부인은 실제의 사제, 가족, 귀족, 귀부인을 예시하고 있다. 말하자면 그림 속 각 인물과 실제의 각 인물 사이에는 예시적 재현 관계가 존재하는 것이다. 하지만 다비드의 이 그림에는 예시적 재현뿐 아니라 서사적 재현 또한 존재한다. 즉 그림 속에 예시된 각 인물들 사이에 실제로 존재했던 이런저런 이야기들 역시 그 모습 그대로 재현되어 있는 것이다. 예를 들어 그림 속에서 나폴레옹은 교황에게서 관을 받아 제 손으로 자신의 머리에 쓴 다음, 무릎을 꿇고 있는 조세핀의 머리 위에도 관을 씌워주려고 한다. 교황과 나폴레옹 그리고 조세핀 사이에 실제로 존재했던 이야기가 이처럼 그림 속에 그 모습 그대로 재현되어 있는 것이다.

그런데 만약 들뢰즈가 인정하는 것처럼 베이컨의 그림이 감각을 구현하는 일에 성공했고, 따라서 재현 또한 벗어난 것이 사실이라면, 당연히 베이컨의 그림은 예시적 재현뿐 아니라 이와 같은 서사적 재현까지도 벗어나야만 한다. 베이컨의 그림을 이루는 두 번째 요소인 윤곽이 제 의미를 발견하는 것이 정확하게 이 지점이다. 왜냐하면 형상을 에워싸고 고립시키는 윤곽은 결과적으로 형상이 형상 이외의 것들과 가질 수도 있을 이야기를 원천적으로 막을 것이고, 따라서 궁극적으로 그림으로부터 서사적 재현 관계를 배제시켜버릴 것이기 때문이다. 베이컨에 따르면 윤곽은 이처럼 형상을 서사적 재현 관계로부터 고립시키기 위한 것이다. 들뢰즈의 다음과 같은 말은 정확하게 이런 의미에서이다. "[……] 형상의 고립은 구상적, 예시적, 서술적 성격을 몰아내기 위해서다. 만약 형상이 고립되지 않는다면, 형상은 필연적으로 이러한 성격들을 갖게 될 것이다. 회화는 재현해야 할 모델도, 말해주어야 할 이야기도 갖지 않는다. [……] 구상적인 것(재현)은 실제로 한 이미지와 그 이미지가 예시한다고 여겨지는 어떤 한 대상과의 관계를 함축한다. 그러나 재현은 각각의 이미지에 정확하게 그 대상을 부여하는 복합적 총체 속에서 한 이미지가 다른 이미지들과 맺는 관계 또한 함축한다. 여기에서 서술은 예시와 상관된 짝을 이루게 된다. 즉 예시된 총체에 활력을 불어넣기 위해서 언제나 두 형상 사이에 어떤 이야기가 끼어들거나 끼어들려고 하는 것이다. 따라서 고립시키기는 재현과 단절하기 위한, 서술을 깨뜨리기 위한, 예시를 막기 위한, 형상을 해방시키기 위한, 요컨대 사실에 매달리기 위한, 비록 충분하지는 않지만 필요한 가장 단순한 방식이다." (*Francis Bacon - Logique de la sensation*, p. 12[이하 *LS* 쪽수로 표기]) 실제로 우리는 베이컨의 그림에서 형상을 고립시키는 수많은 수단을 만날 수 있다. 예를 들어 가장 흔한 동그라미 윤곽이 있고, 트랙 윤곽이 있으며, 투명한 유리 상자 윤곽, 의자 윤곽, 우산 윤곽…… 등이 있다(그림 1~4, 6~7).

마지막으로 베이컨의 그림을 이루는 세 번째 요소인 아플라를 살펴보자. 앞에서 우리는 형상을 이야기했고 그다음에는 형상을 고립시키는 윤곽을 이야기했다. 그렇다면 이제 베이컨의 그림에는 형상을 둘러싼 윤곽의 바깥 영역, 그러니까 그림 전체의 바탕 또는 물질적 구조를 이루는 영역이 남게 된다. 베이컨의 개인적 회화 역사에서 중기에 해당하는 시기(그림 위에 빗금이나 선들을 그어서 전체적으로 애매함의 효과를 내는 말레리슈Malerisch 처리가 나타나는 시기)의 그림들을(그림 3) 제외하면 베이컨의 대부분의 그림은 이 윤곽 바깥의 영역을 단일 색조로 평평하게 처리한다(그림 1, 4, 6~8). 들뢰즈의 다음 언급은 이 점을 정확하게 보여주고 있다. "그렇다면 그림의 나머지는 무엇으로 채워져 있는가? 베이컨에게 있어서 몇몇 가능성은 이미 제거되었거나 관심 밖이다. 그림의 나머지를 채우는 것은 형상의 상관물로서의 풍경도 아니고 형태가 솟아날 배경도 아니며, 그림자들이 노닐게 될 비정형, 명암, 색채의 두터움도 아니요, 변화가 행해지게 될 텍스쳐texture[화폭에서 느껴지는 질감]도 아니다."(LS 13) "사실 그림의 나머지를 체계적으로 차지하는 것은 강렬하고 균일하며 변하지 않는 색의 거대한 아플라들이다."(LS 14) 요컨대 윤곽 바깥의 단일 색조의 영역, 이것이 곧 세 번째 요소인 아플라인 것이다.

한편 베이컨은 아플라를 가리켜서 특별히 골격의 역할을 하는 것이라고도 하는데, 이 같은 언급은 우리가 앞으로 살펴보게 될, 베이컨의 그림과 들뢰즈의 존재론 사이에 존재하는 동형 관계와 관련해서 함축하는 바가 매우 크다. 왜냐하면 베이컨의 그림에서 아플라가 골격의 역할을 한다는 사실은 들뢰즈의 존재론에서 존재가 모든 존재자의 토대와 같은 역할을 한다는 사실과 정확하게 맞아떨어진다는 점에서 결국 아플라가 존재론적으로 볼 때 존재에 대응한다는 것을 우리에게 미리 알려주고 있기 때문이다. 이렇게 본다면 베이컨의 그림에서 아플라가 특별히 단일 색조로 처리된 점 또한 그냥 그런가 보다 하며 넘어갈 수 있는 사항이 아니다. 왜냐하면 들뢰즈의 존재론에서 존재가 일의적이라는 사실을 고려한다면, 존재에 대응하는 아플라 역시 어떤 식으로든 일의적 특징(여기에서는 단일 색조의 특징)을 가지는 것이 지극히 당연한 일일 것이기 때문이다.

베이컨 그림의 세 요소와 조각의 관계

2차원 회화를 정면에서 본 모습 = 3차원 조각을 위에서 본 모습

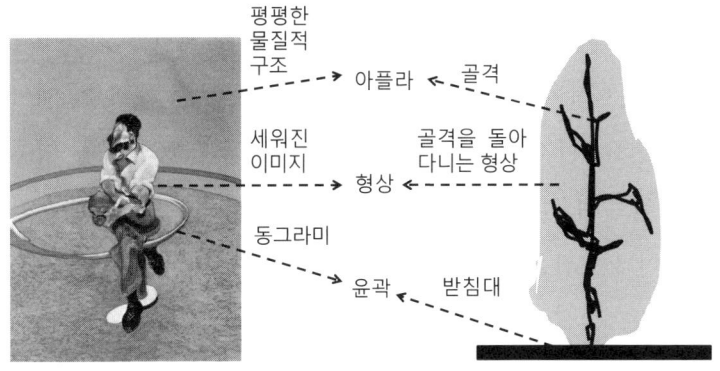

 베이컨은 아플라가 골격을 이룬다고 말한다. 하지만 아플라는 굳이 말하자면 그림 속에서 평평한 배경의 역할을 하는 것처럼 보이는데, 이런 아플라를 두고서 골격이라고 말한다? 이것은 좀 이상하지 않은가! 골격이라는 말은 회화보다는 오히려 조각의 용어가 아닌가?

 베이컨은 실제로 자기 그림의 세 요소를 조각으로 비유하여 설명한다. 위의 그림을 예로 들어서 말하면 그림의 세 요소는 일단 평평한 물질적 구조인 아플라, 세워진 이미지인 형상, 동그라미 윤곽을 말한다. 그런데 이 세 요소를 베이컨은 조각의 용어를 빌

려서 아플라는 골격으로, 형상은 골격을 돌아다니는 형상으로, 윤곽은 받침대로 비유하여 설명한다. 『감각의 논리』 15쪽 주석 5에 인용된 베이컨과 실베스터와의 대담(*L'art de l'impossible*, *Entretiens avec David Sylvester*, pp. 34~36)은 이 비유를 잘 보여주고 있다. 이해가 쉽도록 화자 표시를 추가로 넣어서 인용해본다. (참고로 인용문에서 조각은 깎아나가는 조각彫刻과 붙여나가는 소조塑造를 모두 아우르는 말로 사용되고 있다. 따라서 불어 sculpture를 우리말로 옮긴 조각이라는 말을 단순히 깎아나가는 방법으로만 이해해서는 곤란하다.)

베이컨: 형상들을 조각처럼 생각해봤어요. 이렇게 생각하니까 비로소 내가 형상들을 그릴 수 있을, 보다 잘 그릴 수 있을 방법이 갑자기 떠오르더군요. 그것은 일종의 구조화된 그림이 될 거에요. 이 그림에서는, 이를테면 살로 된 강물로부터 이미지들이 솟아오를 겁니다. 이런 생각이 굉장히 낭만적으로 들릴지도 몰라요. 하지만 나는 이 생각에 아주 형식적으로 접근하고 있어요.

실베스터: 그렇다면 그것은 어떤 형식을 취하게 될까요?

베이컨: 이미지들이 틀림없이 물질적 구조 위에 세워질 겁니다.

실베스터: 여러 형상이 있을까요?

베이컨: 예, 거기에는 아마 실제보다 더 높게 세워질 인도人道가 있을 거예요. 그 인도 위에서 형상들이 움직일 수 있겠지요. 마치 일상적으로 돌아다니는 특정인들의 이미지들이, 살로 이루어진 웅덩이로부터 솟아오르는 것처럼 말이에요. 나는 그들 고유의 살로부터, 중절모, 우산과 함께 솟아오르는 형상들을 그릴 수 있기를 원해요. 아울러 이렇게 솟아오른 형상들을 가지고서 십자가형만큼이나 비참한 형상들을 그릴 수 있기를 원하고요.

같은 주석에 인용된 다음과 같은 베이컨의 말(*L'art de l'impossible, Entretiens avec David Sylvester*, p. 83)도 마찬가지의 비유를 보여주고 있다. "나는 조각이 미끄러질 수 있는 매우 큰 골격, 심지어는 사람들이 조각의 위치를 마음대로 바꿀 수 있는 그런 매우 큰 골격 위에 놓인 조각을 생각했어요."

요컨대 베이컨은 물질적 구조인 아플라 위에서 형상 이미지가 세워지는 일과 골격 위를 돌아다니는 입체 형상인 조각이 세워지는 일을 동일선상에 놓고서 비유하고 있다. 사실 2차원의 그림을 정면에서 바라본 모습과 3차원의 조각을 위에서 내려다본 모습 사이의 대응 관계를 긍정적으로 검토하는 일이 가능하다는 것을 고려하면, 베이컨이 자기의 그림을 조각으로 비유하는 일 또한 충분히 가능하다. 하지만 베이컨의 이 비유는 그림과 조각 사이의 단순한 대응 관계 그 이상을 말하고 있다. 즉 그는 그림을 조각에 비유함으로써 조각이 지닌 운동과 생성의 차원을 그림에 들여오고 있는 것이다. 인용문에서 베이컨이 살로 된 강물로부터 형상 이미지가 솟아오르는 장면, 또는 살로 이루어진 웅덩이로부터 특정인들의 형상 이미지가 솟아오르는 장면을 이야기하는 것은 정확하게 이런 의도를 반영하고 있다. 그리고 베이컨의 이 의도는, 들뢰즈의 입장에서 볼 때, 베이컨 그림의 세 요소가 들뢰즈 존재론의 존재론적 항들에 대응된다는 것을 설명함에 있어서 유용한 근거로 작용하게 된다. 다시 말해 베이컨이 자기의 그림을 조각에 비유한 일이 들뢰즈의 입장에서 보면 베이컨의 그림에서 들뢰즈의 존재론으로 넘어가도록 해주는 가교의 역할을 하게 되는 것이다.

보다 쉬운 이해를 위해 예를 들어 영화 〈터미네이터 2〉(1991)에 등장하는 사이보그 T-1000의 변신 과정을 떠올려보자. 영화에서 사이보그 T-1000의 변신 능력은 놀랍기만 하다. 특히 사이보그 T-1000이 부서져서 액체 상태로 바닥에 흩어졌다가 하나로 응집되면서 변화된 어떤 형상을 이루며 위로 솟아오르는 장면은 자기의 그림에 운동과 생성의 차원을 들여오고자 하는 베이컨의 의도, 그리고 이 의도에 근거해서 아플라와 형상을 존재와 존재자로 해석하고자 하는 들뢰즈의 입장에 딱 들어맞는 경우를 우리에게 제공한다. 또 부글부글 끓어오르면서 매 순간 기이한 형상을 위로 분출시키는 용암의 표면을 생각해보자. 이 용암의 표면 역시도 베이컨의 비유 의도와 이 의도를 존재론적으로 해석하고자 하는 들뢰즈의 입장에 딱 들어맞는 경우를 우리에게 제공한다. 왜냐하면 방금 예로 든 두 경우를 포함해서, 또 물질적 구조인 아플라 위에서 형상 이미지가 세워지는 베이컨의 그림의 경우와 골격 위에서 입체 형상이 세워지는 조각의 경우까지 포함해서, 모든 경우가 다 사건-줄들의 평면 위에 줄이 그어짐으로써 사건이 발생하는 것으로, 따라서 존재가 존재자를 생산하는 것으로 충분히 해석될 수 있기 때문이다.

베이컨 그림의 세 요소와 들뢰즈 존재론의 관계

베이컨의 그림은 들뢰즈 존재론의 또 다른 표현이다

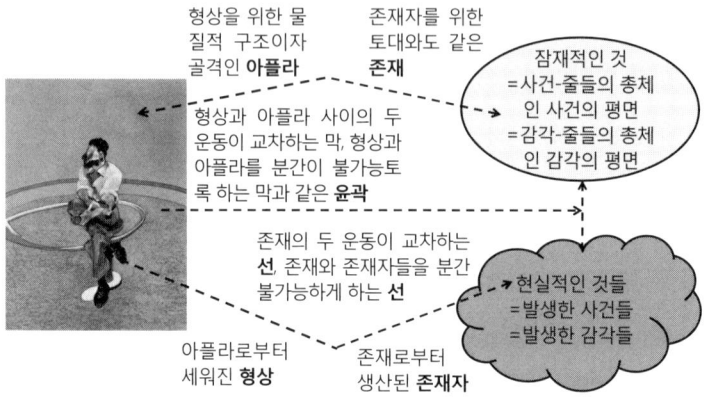

앞에서 우리는 물질적 구조인 아플라 위에 형상 이미지가 세워진다고 말하는 베이컨의 그림은 사건-줄들의 평면 위에 줄이 그어짐으로써 사건이 발생한다고 말하는 들뢰즈의 존재론으로 개념화되고 설명될 수 있으며, 따라서 베이컨 그림의 세 요소는 당연히 들뢰즈 존재론의 존재론적 항들에 대응될 것이라고 말하였다.

하지만 우리가 이미 들뢰즈의 존재론을 검토하면서 보았던 것처럼 들뢰즈 존재론의 기본을 이루는 항은 세 항이 아니라 두 항이다. 즉 한편에 존재(신, 생명, 잠재적인 것……)가 있고 다른 한편에 존재자들(양태들, 생명의 다양한 형식들, 현실적인 것들……)이 있다. 그렇다면 대응 자체가 성립될 수 없는 것 아닌가? 베이컨의 그림에는 세 요소가 있는데 들뢰즈의 존재론에는 두 항밖에 없으니 말이다. 결국 들뢰즈가 세 요소로 이루어진 베이컨의 그림을 존재론적으로 개념화하기 위해서는, 그리하여 베이컨의 그림을 통해 자신의 존재론을 이야기하기 위해서는, 자신의 존재론 또한 기존에는 없던 항 하나를 새롭게 만들어서 세 항으로 만들든지, 아니면 새로운 항으로 해석될 수 있는 존재론적 요소를 찾아내어 자신의 존재론에 정합적인 세 항을 만들든지 해야 한다. 물론 들뢰즈는 베이컨의 그림을 자신의 존재론으로 개념화하면서 자신의 존재론에 전혀 없었던 항을 새롭게 만들어 추가로 집어넣는 일은 하지 않는다. 그 누구보다도 완고하고 철저한 형이상학자 들뢰즈가 그런 무리수를 둘 리가 없지 않겠는가! 어쨌든 확실한 것은, 들뢰즈는 베이컨의 그림을 자신의 존재론으로 개념화하기 위하여, 어떤 식으로든 자신의 존재론을 위배하지 않는 한에서, 베이컨 그림의 세 요소에 대응하는 세 항을 자신의 존재론에서 이야기할 수 있어야만 한다는 것이다.

베이컨의 그림에서 물질적 구조를 이루는 아플라는 골격의 역할을 하면서 그 위에서 형상이 세워지고 돌아다니도록 한다. 따라서 존재론적으로 볼 때, 당연히 아플라는 모든 존재자의 토대와 같은 존재에 대응한다. 마찬가지 맥락에서 존재론적으로 볼 때, 아플라로부터, 즉 골격으로부터 세워지는 형상은 존재로부터 생산된 존재자에 대응한다. 그렇다면 윤곽은 존재론적으로 볼 때 무엇에 대응하는가? 나중에 또 이야기하겠지만, 베이컨의 그림은 아플라에서 형상으로 가는 수축 운동과 형상에서 아플라로 가는 용해 운동을 함축하며, 이때 윤곽은 이 두 운동이 교차하는 일종의 막과 같은 역할을 하는 것으로 이해된다. 즉 아플라가 윤곽 주위를 감싸면서 형상을 수축시키는 운동을 하면, 형상은 윤곽을 통해 빠져나가 용해 또는 이완 운동을 함으로써 아플라와 하나를 이루게 되는데, 이때 윤곽은 이 두 운동이 서로 교차하는 막, 그리하여 결과적으로 아플라와 형상이 서로 분간 불가능하게 되도록 하는 막의 역할을 하는 것이다. 들뢰즈는 윤곽이 하는 이 역할을 다음과 같이 정확하게 지적하고 있다. "실제로 장소로서의 윤곽이란 물질적 구조로부터 형상으로, 또 형상으로부터 아플라로 나아가는 두 방향 속에서 이루어지는 교환의 장소를 말한다. 윤곽은 이중의 교환에 의해 가로질러지는 막과 같은 것이다. 이 방향으로, 또 저 방향으로 무언가가 지나간다. 회화는 서술할 그 어떤 것도, 말해줄 그 어떤 이야기도 갖지 않는다. 하지만 그럼에도 불구하고 무언가가 일어난다. 즉 회화의 기능을 정의하는 무언가가 일어나는 것이다."(LS 21) 그렇다면 우리는 베이컨의 그림에서 윤곽이 하는 역할과 동일한 역할을 하는 그 무엇을 들뢰즈의 존재론에서도 어렵지 않게 찾아낼 수 있다. 우선 들뢰즈의 존재론에도 두 운동이 존재한다. 존재에서 존재자들을 향해 나아가는 생산 운동과 존재자들에서 존재를 향해 나아가는 용해 운동이 그것이다. 그리고 우리는 이 두 운동을 따라서 존재와 존재자들이 서로 분간이 불가능해지면서 하나를 이룬다는 것을 알고 있다. 왜냐하면 존재의 일의성의 논제가 유지되기 위해서는 결코 존재와 존재자들이 따로 분리되어서는 안 되기 때문이다. (물론 존재와 존재자들 사이의 분간 불가능성은 들뢰즈 존재론의 내재주의로부터 비롯된 당연한 결과이기도 하다.) 존재와 존재자들은 이처럼 서로 분명히 구분되면서도 또한 서로 분간이 불가능한 것이기도 하다. 따라서 우리는 들뢰즈의 존재론에서 과연 무엇이 윤곽이 하는 역할과 동일한 역할을 하는지 이야기할 수 있게 된다. 그것은 서로 방향이 완전히 반대되지만 결국 하나의 이중 운동을 이루는 존재의 생산 운동과 용해 운동이 교차하는 선, 뚜렷이 구분되는 존재와 존재자들을 서로 분간이 불가능하게 유지하는 선이다. 따라서 존재론적으로 볼 때, 윤곽은 존재와 존재자들 사이에 존재하면서 존재와 존재자들을 분간 불가능하게 하는 선에 대응한다고 할 수 있다.

베이컨의 그림과 들뢰즈의 존재론 사이에 존재하는 이 동형 관계는 베이컨의 그림에 대한 들뢰즈의 존재론적 설명과 해석, 더 나아가 베이컨의 그림을 이용한 들뢰즈의 자유간접화법을 가능케 하는 근거가 된다. 두 가지 굵직한 예를 가지고서 이 점을 보다 구체적으로 확인해보자.

먼저 첫 번째로, 우리는 베이컨의 그림과 들뢰즈의 존재론 사이에 존재하는 동형 관계에 근거해서 화가 베이컨의 과업이 무엇인지 분명히 알 수 있다. 우선 들뢰즈에 따르면 존재론은 카오스 세계를 그 모습 그대로 하나도 놓치지 않으면서 언어적으로 사유와 소통이 가능한 세계로 만들어야 한다. 마찬가지로 예술인 회화 또한 카오스 세계를 그 모습 그대로 하나도 놓치지 않으면서 유한한 질료를 입혀서 구현해야 한다. 이처럼 들뢰즈와 베이컨을 거론하기 훨씬 이전부터 이미 존재론과 회화가 서로 동형 관계를 이루고 있기 때문에 우리는 회화의 과업이 힘(존재론이 언어적으로 구원한 카오스 세계인 힘)을 그리는 일이라고 전혀 주저함 없이 단언할 수 있다. "예술에서는, 또 음악과 마찬가지로 회화에서는 형태를 재생산하거나 발명하는 것이 문제가 아니라 힘을 포착하는 것이 문제가 된다. 그 어떤 예술도 구상적이지 않은 것은 바로 이 때문이다. 클레의 유명한 공식 '가시적인 것을 제시하는 것이 아니라 [가시적이지 않은 것을] 가시적이게 한다.'가 의미하는 것은 다른 것이 아니다. 회화의 과업은 가시적이지 않은 힘을 가시적이게 하는 시도와 같은 것으로 정의된다. 마찬가지로 음악 또한 들리지 않는 힘을 들리게 하기 위해 노력한다. 이것은 분명한 사실이다."(*LS* 57)

화가 베이컨의 과업이 무엇인지 분명히 하는 일 또한 방금 전의 논리와 동일한 논리로 접근할 수 있다. 왜냐하면 베이컨의 그림과 들뢰즈의 존재론 사이에 존재하는 동형 관계 덕분에 철학자 들뢰즈의 과업으로부터 화가 베이컨의 과업이 그 모습 그대로 회화적 용어로 번역되어 나올 것이기 때문이다. 철학자 들뢰즈의 과업은 존재를 구원하는 일이며, 그가 구원한 존재는 힘이다. 따라서 들뢰즈와 동형 관계에 있는 화가 베이컨의 과업 또한 당연히 힘과 관련이 있다. 즉 그의 과업은 다름 아닌 힘을 질료에 육화시켜서 가시적이게 만드는 일이다. 베이컨이 형상을 창조한 이유는 이와 같이 가시적이지 않은 힘을 가시적이게 함으로써 자기 고유의 과업을 이루기 위해서다. "회화의 역사에서 베이컨의 형상은 다음의 물음에 대한 가장 훌륭한 답변 가운데 하나로 보인다. 가시적이지 않은 힘을 어떻게 가시적이게 할 것인가? 이것이 바로 형상이 하는 제일의 기능이다. [……] 이 사실은 베이컨의 머리 시리즈 전체와 자화상 시리즈를 통해서 확인된다. 이 사실은 또한 베이컨이 이런저런 시리즈를 그린 이유이기도 하다. 이들 머리의 특이한 흔들림은 [……] 부동의 머리 위에 실행되는 압력의 힘, 팽창의 힘, 수축의 힘, 평평하게 하기의 힘, 늘이기의 힘으로부터 온다. 이 힘은 자신의 캡슐 속에서 부동으로 있는 초-공간적 여행자가 우주 속에서 맞닥뜨리는 힘과 같다. 그것은 마치 보이지 않는 힘이 가장 예기치 않던 각도에서 머리를 후려치는 것과 같다. 그리고 이로부터 얼굴의 지워지고 쓸린 부분이 새로운 의미를 갖게 된다. 왜냐하면 이 지워지고 쓸린 부분은 힘이 때리고 있는 바로 그 영역 자체를 표시하기 때문이다."(*LS* 58~59; 그림 6, 7, 9, 10)

두 번째로, 베이컨의 그림과 들뢰즈의 존재론 사이에 존재하는 동형 관계 덕분에 우리는 베이컨에게서 발생하는 감각을 들뢰즈 존재론의 사건의 발생 논리로 설명할 수 있게 된다. 왜냐하면 사건의 평면에서 존재론적으로 설명되는 사건의 발생 논리를 감각의 평면 위로 그대로 옮겨옴으로써 감각의 발생 논리 또한 존재론적으로 설명할 수 있기 때문이다. 이 과정을 요약 정리하면 다음과 같다.

먼저 들뢰즈에 따르면 생산 역능인 존재는 존재 자신에게 무한한 수준들 또는 문턱들을 새겨 넣는 파동波動onde이자, 또한 이렇게 새겨진 무한한 수준들을 가로지르는 생기적인 운동이기도 하다. 물론 존재의 파동에 의해서 존재 자신에게 새겨진 이 무한한 수준들은 이미 앞에서 우리가 미적분과 함께 이야기했던 존재의 차등화된 무한한 잠재적 차이들과 다른 것이 아니다. 따라서 다음과 같은 등식이 성립한다. '존재=파동으로서의 존재가 존재 자신에게 새겨 넣은 무한한 수준들의 평면=차등화된 무한한 잠재적 차이들의 평면=무한한 줄들의 평면'. 그런데 존재는 존재 자신에게 수준들을 새겨 넣는 파동이기도 하지만, 또한 파동에 의해 새겨진 무한한 수준들을 가로지르면서 매 순간 존재 자신에게 줄을 긋는 생기적 운동이기도 하다. 즉 줄들의 평면이면서 또한 운동이기도 한 존재가 존재 자신을 가로지르면서 그 위에 줄을 긋고, 그 결과로 사건이 발생하며, 차이가 생성되는 것이다. 들뢰즈의 책에 등장하는 수많은 표현, 예를 들어 '평면 위에서 한 차이가 튀어 오른다.' '평면 위에 하나의 선이 그어진다.' '신이 양태를 통해 스스로를 표현한다.' '존재가 존재자를 통해 스스로를 증명한다.' 등은 모두 이 사건의 발생, 차이의 생성을 표현한 것이다.

　동형 관계 덕분에 감각의 발생 논리 또한 방금 언급한 사건의 발생 논리와 똑같이 설명된다. 우선 감각의 평면이란 줄들의 평면에서 줄들이 감각-줄들일 경우 거론되는 평면이다. 따라서 감각의 평면에는 우선 존재의 파동이 존재 자신에게 새겨 넣은 무한한 수준들이 있다. 즉 시각, 후각, 미각, 청각, 촉각 등 다양한 감각 영역, 그리고 각 감각 영역을 이루는 무한한 수준들이 서로 분간이 불가능한 방식으로 혼재된 평면이 바로 감각의 평면인 것이다. 그런데 모든 감각 영역과 각 감각 영역의 모든 수준에 걸쳐 있으면서 감각의 평면을 가로지르는 존재의 생기적 운동이 어떤 한 감각 영역의 어떤 한 감각 수준과 만나서 줄이 그어질 때, 마침내 바로 그 감각 영역과 감각 수준에 고유한 감각이 발생하게 된다. 예를 들어 말하면 베이컨이 루시앙 프로이트를 대상으로 형상을 그려서 감각을 구현했다고 할 때, 이 형상에 대응하는 바로 그 시각 영역, 바로 그 수준에 해당하는 어떤 한 감각이 발생했다고 하는 것이다(그림 1). 이처럼 베이컨-들뢰즈의 감각의 발생 논리는 들뢰즈 존재론의 사건의 발생 논리로 완벽하게 해석될 수 있다.

베이컨의 그림이 보여주는 들뢰즈 존재론의 논제들

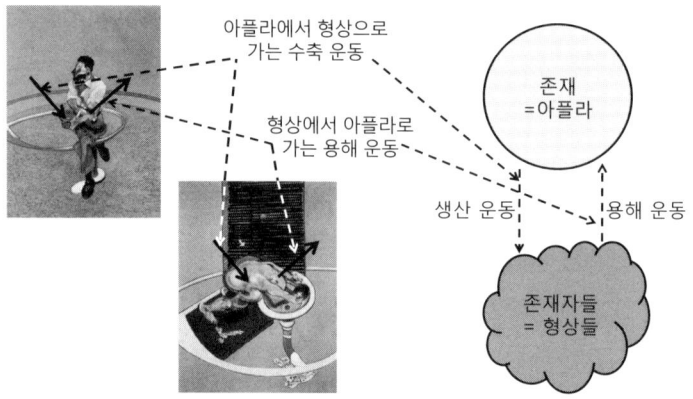

베이컨의 그림은 서로 역행하는, 분간이 불가능한 두 운동을 보여준다

앞에서 우리는 베이컨 그림의 세 요소와 들뢰즈 존재론의 존재론적 항들 사이의 대응 관계, 더 나아가 베이컨의 그림과 들뢰즈의 존재론 사이의 존재론적 동형 관계를 보았다. 그 결과 우리는 다음과 같이 말할 수 있게 되었다. 베이컨의 그림은 들뢰즈 존재론의 또 다른 표현이다. 따라서 이제는 이 같은 존재론적 동형 관계 아래 베이컨의 그림이 표현하는 들뢰즈 존재론의 존재론적 논제들을 확인할 차례다. 그것은 크게 세 가지다. 들뢰즈 존재론의 운동의 논제, 분간 불가능성의 논제, 일의적인 종합의 논제.

운동의 논제를 매끄럽게 시작하기 위해 우리가 앞에서 확인한 대응 관계를 단순하게 등식화하여 상기해보자. 먼저 베이컨 그림의 아플라는 들뢰즈 존재론의 존재에 대응한다는 사실로부터 다음과 같은 등식이 성립 가능하다. '존재=잠재적인 것=아플라=물질적 구조=골격=논리적으로 선결정된 잠재적 차이들의 총체.' 다음으로 베이컨 그림의 형상은 들뢰즈 존재론의 존재자에 대응한다는 사실로부터 다음과 같은 등식이 성립 가능하다. '존재자들=현실적인 것들=형상들=잠재적 차이들이 현실화된 것들.' 그리고 바로 이 두 등식 사이에 서로 역행하는 두 운동이 존재한다. 즉 존재(잠재적인 것, 아플라, 물질적 구조, 골격, 논리적으로 선결정된 잠재적 차이들의 총체)에서 존재자들(현실적인 것들, 형상들, 잠재적 차이들이 현실화된 것들)로 가는 생산 운동이 있고, 또 이와 반대로 존재자들에서 존재로 가는 용해 운동이 있다. 왜 그럴까? 왜 이렇게 서로 역행하는 두 운동이 있을까?

우리는 이미 이 물음에 대한 답변을 알고 있다. 앞에서 우리는 들뢰즈의 존재론이 존재론적 생기주의에 근거하고 있음을 보이면서 존재 그 자체가 서로 역행하는 두 운동일 수밖에 없음을 이미 확인한 바 있다. 이 확인에 따르면 먼저 존재의 생산 운동이 있다. 왜냐하면 생산 역능인 존재가 존재자들을 생산한다는 점에서 존재는 필연적으로 존재로부터 존재자들을 향해서 나아가는 생산 운동을 자신 속에 함축하기 때문이다. 다음으로 존재의 용해 운동이 있다. 왜냐하면 존재자들이 자신들 속에서 생산 역능인 존재를 증명하면서 자신들 스스로를 존재의 이런저런 양태들로 드러낸다는 점에서 존재는 필연적으로 존재자들로부터 존재를 향해서 나아가는 용해 운동을 자신 속에 함축하기 때문이다. 따라서 베이컨의 그림을 대상으로 한 다음과 같은 연역적 추론은 지극히 자연스러운 것이다. 만약 베이컨의 그림이 들뢰즈 존재론의 또 다른 표현이라면, 베이컨의 그림 또한 필연적으로 아플라로부터 형상을 향해서 나아가는 수축 운동과 형상으로부터 아플라를 향해서 나아가는 용해 운동을 자신 속에 함축해야만 한다.

우선 들뢰즈는 베이컨의 그림을 해석하면서 아플라로부터 형상을 향해서 나아가는 수축 운동을 다음과 같이 언급한다(그림 1). "운동은 차라리 물질적 구조로부터, 아플라로부터 형상을 향해서 나아간다. 많은 그림에서 아플라는 아플라 자신을 원통형으로 만드는 운동 속에서 정확하게 취해진다. 그리하여 아플라는 윤곽에, 장소에 휘감기면서 형상을 감싸고 형상을 가둔다. 물질적 구조가 형상을 가두기 위하여 윤곽을 휘감으면, 형상은 이때 온 힘을 다해 운동을 따라간다. 여기에 형상들의 극단적 고독이 있으며 모든 관객을 배제한 신체들의 극단적 감금이 있다. […] 이것이 강렬한 희극에서 보게 되는, 조소를 자아내는 운동경기의 첫 번째 공식이다."(LS 22~23)

하지만 베이컨의 그림에는 아플라로부터 형상을 향해서 나아가는 수축 운동만 있는 것이 아니다. 베이컨의 그림에는 형상으로부터 아플라를 향해서 나아가는 용해 운동 또한 있다. 들뢰즈는 베이컨의 그림을 해석하면서 용해 운동을 다음과 같이 언급한다(그림 4, 9). "하지만 이 첫 번째 공식의 운동과 명백하게 공존하는 또 다른 운동이 있다. 그것은 첫 번째 공식의 운동과 반대로 형상으로부터 물질적 구조를 향해서, 다시 말해 아플라를 향해서 나아가는 운동이다. [……] 신체는 정확하게 말해 빠져나가기 위하여 노력하거나 기다린다. 이때 내가 나의 신체로부터 빠져나가려고 시도하는 것이 아니다. 신체가 ~를 통해서 신체 자신으로부터 빠져나가려고 시도하는 것이다. 요컨대 경련이 일어나는 것이다. [……] 이러한 사실로 우리를 인도할 수 있는 그림으로 1976년 작 〈세면대에서의 형상〉이 있다. 이 그림에서 세면대의 타원형에 매달린 채 손은 수도꼭지를 붙들고 있는 신체-형상은 배수구 구멍으로 완전히 빠져나가기 위하여 강도 높은 부동의 노력을 한다. [……] 베이컨의 모든 경련 시리즈가 이런 유형으로, 성교, 구토, 배설이 그렇다. 언제나 신체는 아플라와, 물질적 구조와 합쳐지기 위하여 자신의 기관들 중 하나를 통해서 빠져나가고자 시도한다. 베이컨은 종종 형상의 영역에서는 그림자도 신체만큼이나 현존을 가진다고 말했다. 그러나 그림자가 이 같은 현존을 획득하는 것은 오로지 그림자가 신체로부터 빠져나가기 때문이다. 그림자는 윤곽 속에 국지화된 이런저런 점을 통해서 스스로 빠져나간 신체인 것이다. 그리고 외침, 베이컨의 외침은 신체 전체가 입을 통해서 스스로 빠져나가는 작용을 말한다. 즉 신체의 모든 밀어냄인 것이다."(LS 23~24) 그리고 "[……] 운동은 더 이상 형상에 휘감기는 물질적 구조의 운동이 아니다. 운동은 구조를 향해서 나아가는, 또한 아플라 속에서 사라져버릴 정도로 극단까지 나아가는 형상의 운동이다. 형상은 이처럼 고립된 신체이기만 한 것이 아니라 스스로 빠져나가는 변형된 신체이기도 하다. 신체의 이 같은 변형이 운명적이라면, 그것은 신체가 물질적 구조와 그 어떤 필연적인 관계를 가지기 때문이다. 즉 물질적 구조가 신체에 휘감길 뿐 아니라, 신체 또한 물질적 구조와 합쳐지면서 그곳에서 사라져야만 하는 것이다."(LS 25) 실제로 베이컨의 그림에서 외침의 존재론적 의미는 아플라와 하나가 되기 위하여 형상 전체가 입을 통해서 스스로 빠져나갈 때 이용하는 도구에 의해 설명된다(그림 3). 이뿐만이 아니다. 우리가 베이컨의 그림에서 보게 되는 그림자, 거울, 우산, 세면대 등의 도구가 지닌 존재론적 의미 또한 아플라와 합쳐지기 위하여 형상이 형상 스스로를 빠져나갈 때 이용하는 구멍, 오로지 이 구멍에 의해서만 설명된다(그림 2, 4, 7, 9).

 하지만 서로 역행하는 이 두 운동은 결국 분간이 불가능한 두 운동을, 따라서 하나의 이중 운동을 이루어야 한다. 즉 이 두 운동은 서로 반대되는 방향으로 인해 따로 구분되어 고려될 수 있을지 몰라도 결코 분리되거나 나누어져서는 안 된다. 왜냐하면 만약 이 두 운동이 따로 분리된 두 운동이라면, 이 분리가 결국 존재의 일의성의 논제를 무너뜨리고 말 것이기 때문이다. 들뢰즈는 정확하게 이런 의미에서 베이컨의 그림을 다음과 같이 해석한다. "그리고 [신체가 신체 스스로를 빠져나가는 구멍으로 이용하는] 도구들이 물질적 구조 집단을 향하는 한, 도구들은 더 이상 명시될 필요조차 없다. 왜냐하면 도구적 변형이 즉각적으로 형상으로 옮겨질 만큼 구조 전체가 잠재적 거울의 역할, 잠재적 우산 또는 잠재적 세면대의 역할을 하기 때문이다. 1973년작 〈자화상〉의 돼지 머리 남자를 보면 변형은 제자리에서 일어난다. 마치 신체의 노력이 신체 자신에 대해 행해지는 것처럼 여기에서 변형은 정태적이다. 그 어떤 강도 높은 운동이 신체 전체를 가로지른다. 즉 형상을 구성할 목적으로 매 순간 신체에 대한 실재적 이미지를 가져오는 비정상적으로 기괴한 운동이 신체 전체를 가로지르는 것이다."(LS 26) 인용문에 언급된 제자리에서 일어나는 변형 운동은 서로 역행하되 분간이 불가능한 존재의 두 운동, 즉 존재의 이중 운동을 극단적으로 표현한 것이라고 할 수 있다. 마찬가지로 도구들이 명시될 필요조차 없는 이유, 형상이 일으키는 도구적 변형이 즉각적으로 형상으로 옮겨지는 이유, 신체의 노력이 신체 자신에 대해 행해지는 것처럼 변형이 정태적인 이유 또한 서로 역행하는 두 운동이 결국에는 분간이 불가능한 두 운동, 즉 하나의 이중 운동을 이루기 때문이다.

베이컨의 그림은 분간 불가능성의 논제를 보여준다

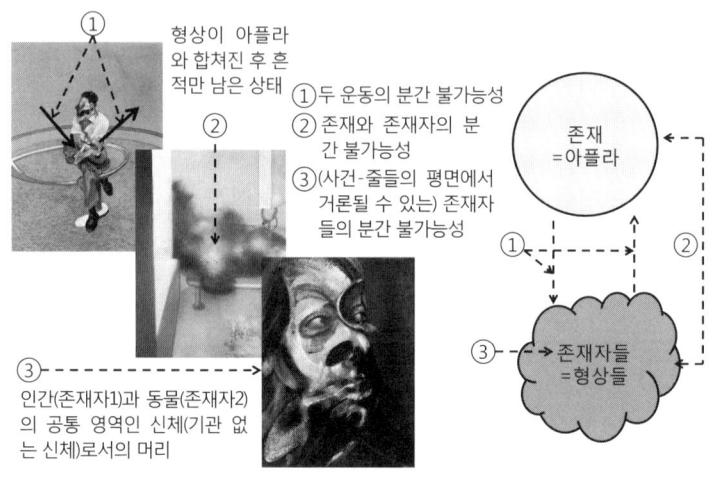

우리는 들뢰즈의 일의적 존재론이 분간 불가능성의 논제와 불가분의 관계에 있음을 안다. 들뢰즈의 존재론이 근거하고 있는 내재주의에 따르면 사실 분간 불가능성은 지극히 당연한 결과라고 할 수 있다. 존재와 존재자들이 서로에게 내재한다면, 비록 경우에 따라 우리가 존재와 존재자들을 분명히 구분해서 거론할 수 있을지 몰라도, 결코 존재와 존재자들은 서로 분리되거나 나뉠 수 없을 것이기 때문이다. 존재와 존재자들은 서로 분간이 안 되며, 또 이렇게 서로 분간이 안 되기 때문에 존재와 존재자들은 오로지 하나의 의미로만 이야기될 수 있다. 즉 존재의 일의성이 지켜지는 것이다.

이 분간 불가능성의 논제는 들뢰즈의 일의적 존재론에서 대략 다음과 같은 세 가지 형태 아래 나타난다. 첫째, 존재와 존재자 사이의 분간 불가능성이 있다. 왜냐하면 존재와 존재자는 서로가 서로에게 내재한다는 점에서 설령 양자가 따로 구분은 될 수 있을지 몰라도 결코 서로 분리되거나 나뉠 수는 없기 때문이다. 둘째, 존재자들 사이의 분간 불가능성이 있다. 왜냐하면 현실적 차원에서 존재자들은 서로 분명히 구분되며 더 나아가 서로 분리도 가능하지만, 현실적 차원에 논리적으로 앞서는 잠재적 차원에서 존재자들은 결코 서로 분리되거나 나뉠 수 없기 때문이다. 마치 사건-줄들의 평면에서 평면 위의 줄들끼리 서로 구분은 될 수 있을지 몰라도 분리는 안 되는 것처럼 말이다. 만약 현실적 차원과 잠재적 차원 모두에서 존재자들이 서로 분리될 수 있다면, 다시 말해 말 그대로 존재자들이 존재론적으로 완전히 분리 가능하다면, 존재는 이렇게 분리된 존재자들을 따라서 다양한 의미로 이야기되게 될 것이고, 결국 이것은 존재의 일의성을 무너뜨리는 결과를 낳고 말 것이다. 따라서 들뢰즈의 일의적 존재론에서는 존재와 존재자 사이의 분간 불가능성 못지않게 존재자들 사이의 분간 불가능성 또한 엄격하게 유지되어야 한다. 셋째, 존재의 두 운동 사이의 분간 불가능성이 있다. 존재의 서로 역행하는 두 운동의 양극단이 존재와 존재자들이라고 할 때, 이 존재와 존재자들은 서로 분간이 불가능하기 때문에 양극단을 잇는 두 운동 역시 하나를 이룰 수밖에 없다. 물론 이런 이유를 따지기 이전에, 단순하게 존재의 일의성을 유지하기 위해서라도 존재의 두 운동은 서로 분간이 불가능해야만 한다. 왜냐하면 존재의 두 운동이 서로 분리되거나 나뉠 경우, 분리된 두 운동을 따라서 존재가 서로 다르게 이야기될 것이고, 이는 결국 존재의 일의성을 무너뜨리는 결과를 낳고 말 것이기 때문이다. 들뢰즈의 일의적 존재론은 이처럼 삼중의 분간 불가능성을, 즉 존재와 존재자 사이의 분간 불가능성, 존재자들 사이의 분간 불가능성, 존재의 생산 운동과 용해 운동 사이의 분간 불가능성을 함축하고 있다. 따라서 우리는 베이컨의 그림에 대하여 다음과 같은 연역적 추론을 할 수 있다. 만약 베이컨의 그림이 들뢰즈 존재론의 또 다른 표현이라면, 베이컨의 그림 또한 들뢰즈의 일의적 존재론과 마찬가지로 삼중의 분간 불가능성을 함축하며 표현해야만 한다. 그것은 아플라와 형상 사이의 분간 불가능성, 형상들 사이의 분간 불가능성, 아플라에서 형상으로 가는 운동과 형상에서 아플라로 가는 운동 사이의 분간 불가능성이다.

　우리는 이 세 가지 분간 불가능성 가운데 먼저 아플라와 형상 사이의 두 운동의 분간 불가능성부터 살펴보고자 한다. 사실 이 첫 번째 분간 불가능성은 앞에서 베이컨의 그림이 표현하는 운동의 논제를 다루면서 이미 거론한 것이기도 하다. 실제로 베이컨의 그림을 해석하면서 들뢰즈가 언급한 형상 또는 신체의 제자리 변형 운동은 서로 역행은 하지만 분간이 불가능한 두 운동이 낳은 결과를 회화적으로 표현한 것과 마찬가지다. 우리는 아플라에서 형상으로 가는 운동과 형상에서 아플라로 가는 운동 사이의 분간 불가능성이 표현된 경우를 이것 외에도 얼마든지 찾을 수 있다. 예를 들어 베이컨의 그림에 대한 들뢰즈의 다음과 같은 해석이 그렇다. 수축 운동과 이완 운동(용해 운동)이 서로에게 내재한다는 마지막 부분을 특히 눈여겨보기 바란다. "확인된 시기들만 볼 경우에는 모든 운동이 공존한다는 사실을 사유하기가 어렵다. 하지만 그림이란 다름 아닌 이러한 공존이다. 구조, 형상, 윤곽이라는 근본이 되는 세 요소가 주어지게 되면, 첫 번째 운동("긴장")이 구조로부터 형상을 향해 나아간다. 구조는 이때 아플라로서 제시된다. 그러나 이 아플라는 윤곽을 원통형처럼 휘감으려 한다. 따라서 윤곽은 동그라미, 타원, 막대 또는 막대의 체계와 같은 고립시키는 것으로서 제시되고, 형상은 바로 이 윤곽 속에서 고립된다. 즉 완전히 닫힌 세계가 등장하는 것이다. 그러나 이제 두 번째 운동, 두 번째 긴장이 형상으로부터 물질적 구조를 향해서 나아간다. 이때 윤곽이 변한다. 즉 윤곽이 변형시키는 것으로서 작용하면서 세면대나 우산의 반구형, 거울의 두터움이 되는 것이다. 여기에서 형상은 구멍을 통과하거나 거울 속으로 통과하기 위하여 수축되거나 팽창된다. 형상은 외치는 변형 시리즈에서 아주 특이한 동물-되기를 경험한다. 또 형상은 윤곽을 매개로 하여, 최후의 미소와 더불어 아플라와 재결합하려고 하며 구조 속에서 사라지려고 한다. 이 경우 윤곽은 더 이상 변형시키는 것으로서 작용하지 않고 커튼으로 작용하며, 이 커튼에서 형상은 끝없이 희미해진다. 따라서 가장 폐쇄적인 이 세계는 또한 가장 무한한 세계이기도 하다. [……] 결국 모든 것은 각자의 수준에서 서로를 향해 반향을 일으키는 이완과 수축으로 나뉜다. 즉 신체를 꽉 죄면서 구조로부터 형상을 향해 나아가는 수축, 그리고 신체를 펼치고 흩뜨리면서 형상으로부터 구조를 향해 나아가는 이완으로 모든 것이 나뉘는 것이다. 하지만 신체가 보다 더 잘 갇히기 위하여 스스로 늘어날 때, 이미 이완은 [수축 운동인] 첫 번째의 운동 속에 존재한다. 또한 신체가 스스로 빠져나가기 위하여 수축될 때, 이미 수축은 [이완 운동인] 두 번째의 운동 속에 존재한다. 심지어 신체가 흩어져 사라져버릴 때도, 신체를 주변으로 보내기 위하여 신체를 덥석 붙잡는 힘들에 의해 신체는 여전히 수축된 채로 있다. 그림 속 모든 운동의 이 같은 공존, 이것이 바로 리듬이다."(LS 37~38; 그림 1~4) 그렇다! 들뢰즈의 존재론에서 그런 것과 꼭 마찬가지로 베이컨의 그림에서도 아플라와 형상 사이의 두 운동이 존재하며 이 두 운동은 공존한다. 그리고 두 운동의 이 공존은 궁극적으로 두 운동의 분간 불가능성에 도달한다.

두 번째 분간 불가능성은 들뢰즈 존재론의 존재와 존재자 사이의 분간 불가능성을 표현하는 아플라와 형상 사이의 분간 불가능성이다. 다음의 인용문에서 보듯이 『감각의 논리』를 시작하는 첫 장에서부터 들뢰즈는 아플라와 형상 사이의 분간 불가능성을 중요한 논제로 제기하고 있다. "아플라들은 형상 아래에 있지도, 형상 뒤 또는 형상 너머에 있지도 않다. 아플라들은 엄격하게 형상 옆에 있거나 보다 정확히 말해 형상 주변에 있으면서 근접 시각을 통해, 근접 시각 속에서 파악된다. [……] 이때 아플라가 형상과 가지는 상관관계는 동등하게 근접한 하나의 동일한 평면 위에서 두 구역이 이루는 상관관계다."(*LS* 14) "지금 중요한 것은 배경처럼 기능하는 아플라와 형태처럼 기능하는 형상이 근접 시각이라는 동일한 평면 위에서 절대적으로 근접해 있으면서 서로를 명확히 해준다는 것이다."(*LS* 15) 서로 분명히 구분되지만 분간이 불가능한 존재와 존재자처럼 베이컨의 그림에서도 아플라와 형상은 이처럼 서로 분명히 구분되지만("서로를 명확히 해준다") 분간이 불가능한 것이다("서로에게 절대적으로 근접해 있으면서"). 그런데 들뢰즈에 따르면 이렇게 절대적으로 근접해 있으면서 분간이 불가능한 아플라와 형상이 베이컨의 그림에서는 히스테리컬한 미소로 표현된다. 신체가 외치는 입을 통해서 신체 자신으로부터 아플라를 향해서 빠져나갈 때, 그리하여 신체와 아플라가 하나가 되었을 때, 마침내 이 둘의 하나 됨을 가리키는 히스테리컬한 미소가 등장하는 것이다(그림 2, 3). 들뢰즈는 말한다. "외치는 입을 통해서 신체 전체가 빠져나간다. 교황 또는 유모의 둥근 입을 통해서 신체가 동맥을 통해서 빠져나가듯 그렇게 빠져나간다. 하지만 이처럼 입을 통해 신체 전체가 빠져나간다는 것이 베이컨의 입 시리즈에서 궁극적인 것은 아니다. 베이컨은 이 외침 너머에 미소가 있음을, 그가 접근할 수 없었다고 말한 미소가 있음을 암시한다. [……] 그가 그린 이 미소는 신체의 소멸을 보장하는 가장 이상한 기능을 한다. [……] 이미 [1946년작 〈회화〉에서] 우산을 쓴 남자의 머리에는 아래로 드리워진 음산한 미소가 보인다. 여기에서 얼굴은 이 음산한 미소를 위하여 마치 신체를 태우는 염산에 노출된 것처럼 일그러져 있다. 또 같은 남자를 그린 이 그림의 두 번째 버전은 이 미소를 드러내면서 다시 세우고redresser 있다. 이뿐만이 아니다. 1954년의 교황에게서 또는 침대 위에 앉아 있는 남자에게서 우리는 빈정거리는 미소, 거의 참을 수 없고 견딜 수 없는 미소를 본다. 우리는 이 미소가 신체가 사라지고 난 뒤에도 틀림없이 살아남으리라는 것을 느낀다. [……] 베이컨은 이 미소가 히스테리컬하다는 것을 암시한다. 즉 끔찍한 미소가 그렇고 미소의 비천함이 그렇다."(LS 33~34)

  하지만 베이컨의 모든 그림이 이처럼 히스테리컬한 미소를 담고 있지는 않다. 베이컨의 그림을 연대순으로 보면, 초기에는 아플라와 형상이 명확히 구분되다가(그림 8), 중기의 약 10년 동안에는 그림 전체에 빗금이나 선들을 긋는 말레리슈 처리로 인해 이 플라와 형상 사이의 구분이 모호해진다(그림 3). 그러다가 말기에 이르면 이전의 대립적인 두 방식이 종합되어 아플라와 형상이 명확히 구분되면서도 서로 모호해지게 된다(그림 10). 요컨대 아플라와 형상 사이의 분간 불가능성을 표현하는 방식이 시기에 따라서 점진적인 변화와 발전을 보이고 있는 것이다. 다음의 인용문에서 들뢰즈가 베이컨의 그림에 대한 실베스터의 구분을 언급하는 것은 이 때문이다. "닫혀 있지만 무한한 우주 속에서 우주적 소멸이라는 극단에 이르렀을 때, 형상이 더 이상 트랙이나 평행육면체라는 어떤 한계 속에서 고립되거나 사로잡힐 수 없다는 것은 명백하다. 이렇게 해서 우리는 다른 좌표 앞에 놓이게 된다. […] 그리고 이것이 실베스터가 베이컨의 회화를 다음과 같이 세 시기로 구분하는 근거가 된다. 우선 명확한 형상과 활기차고 단단한 아플라를 대비시킨 첫 번째의 시기가 있다. 다음으로 커튼이 쳐진 조성적 바탕 위에서 '말레리슈' 형태를 처리하는 두 번째의 시기가 있다. 그리고 마침내는 [이전의] '대립적인 두 규약'을 규합하는, 즉 줄긋기와 솔질을 통해서 흐릿함의 효과를 국부적으로 재발견함과 동시에 활기차고 판판한 바탕으로 되돌아오는 세 번째의 시기가 있다."(LS 34~35)

하지만 들뢰즈는 실베스터의 이 구분에 또 한 시기를 추가한다. 즉 아플라와 형상 사이의 분간 불가능성을 표현하는 방식에 있어서 이전의 방식과는 완전히 다른 방식이 베이컨의 말기 그림 가운데 몇몇에서 보인다는 것이다. 다음의 인용문에서 우리는 아플라와 형상이 서로 분간이 불가능하게 된, 다시 말해 하나가 된 궁극적 형태를 볼 수 있다(그림 11). "어쩌면 [앞에서 구분한 세 시기 외에] 아주 최근의 네 번째의 시기를 구분할 수 있는 여지가 있거나 또는 있을 것이다. [……] 형상이 형상 자신의 옛적 현존에 대한 모호한 흔적만을 남겨놓고서 실제로 사라져버렸다고 가정해보자. 아플라는 마치 수직의 하늘처럼 열리게 될 것이고, 동시에 아플라는 구조화하는 기능을 점점 더 많이 수행하게 될 것이다. [……] 하지만 이와 동시에 그 이전에 형상을 솟아나게 했던 뒤섞임과 지우기의 영역은 정의된 모든 형태와 관계없이 이제 영역 그 자체로서의 가치를 갖게 될 것이고, 대상이 없는 순순한 힘으로서, 폭풍이 일으키는 파도로서, 물 또는 수증기의 분출로서, 여객선이 된 세계 속의 터너Turner[색의 연금술사로 불리는 영국의 풍경화가]를 상기시키는 태풍의 눈으로서 나타나게 될 것이다. [……] 베이컨의 작품에서 이 같은 새로운 조직을 보여주는 경우를 우리가 아직 몇 개밖에 모른다고 해서 이것이 곧 이 작품들이 새롭게 탄생하는 시기, 즉 더 이상 형상을 필요로 하지 않을, 베이컨에게 고유할 그런 '추상'의 시기와 관계된다는 사실을 배제해서는 안 된다. 형상은 다음과 같은 예언을 실현시키면서 사라져버렸다. 너는 이제 모래, 풀, 먼지 또는 물방울 외에는 더 이상 아무것도 아니리라."(LS 36)

마지막으로 세 번째 분간 불가능성은 들뢰즈 존재론의 존재자들 사이의 분간 불가능성을 표현하는 형상들 사이의 분간 불가능성이다. 이 점과 관련해서 베이컨은 특히 인간-존재자와 동물-존재자 사이의 분간 불가능성에 매달린다. 즉 인간과 동물 사이의 공통의 영역을 나타내는 분화되기 이전의 신체, 생기, 고기, 살을 그림으로써 형상들 사이의 분간 불가능성, 다시 말해 존재자들 사이의 분간 불가능성을 표현하는 것이다(그림 2). 이런 맥락에서 초상화가 베이컨은 분화된 신체 또는 유기체인 얼굴을 그리지 않는다. 그는 분화되기 이전의 신체 또는 선유기체인 머리를 그린다(그림 10). "[……] 형상은 심지어 얼굴을 갖지 않는다. 형상은 머리를 갖는다. [……] 초상화가 베이컨은 머리를 그린 화가이지 얼굴을 그린 화가가 아니다. 머리와 얼굴 사이에는 커다란 차이가 있다. 실제로 얼굴은 머리를 덮는 구조화된 공간적 조직인 데 반해서, 머리는 비록 신체의 끝부분이라 할지라도 신체에 종속된 것이다. [……] 따라서 얼굴 해체하기, 얼굴 속의 머리를 재발견하거나 솟아오르게 하기와 같이 베이컨이 초상화가로서 추구하는 것은 매우 특이한 계획이다."(LS 27) 베이컨 그림의 주된 소재인 생기 또한 마찬가지다. 생기 역시 인간과 동물 사이의 분간 불가능성의 영역을 가장 확실하게 보여주는 것 가운데 하나다. "신체가 겪는 변형들 또한 머리의 **동물적 특성들**이다. [……] 동물성을 나타내는 표시들이나 특성들은 더 이상 동물적 형태로부터 온 것이 아니다. 그것들은 오히려 지워진 부분을 떠도는 생기, 머리를 잡아당기는 생기, 얼굴 없는 머리를 개별화하고 특징짓는 생기로부터 온 것이다. [……] 이처럼 베이컨의 회화가 구성하는 것은 인간과 동물 사이의 형태적 대응 관계가 아니다. 그것은 인간과 동물 사이의 분간 불가능성의 영역, 결정 불가능성의 영역이다. 인간이 동물이 되지만, 동시에 동물이 생기가 되지 않는다면, 인간의 생기가 되지 않는다면, [……] 인간은 동물이 되지 않는다. 이런 되기는 결코 형태들의 조합이 아니다. 차라리 그것은 공통의 사실, 즉 인간과 동물의 공통의 사실이다."(LS 27~28)

하지만 베이컨이 뼈에 의해 유기적으로 구조화되지 않은 고기에 대해 갖는 관심의 정도에 비하면 생기에 대한 관심의 정도는 그야말로 새발의 피다. (베이컨에게 있어서 뼈에 의해 유기적으로 구조가 잘 잡힌 고기는 마치 얼굴이 그런 것처럼 분화된 신체 또는 유기체를 가리킨다.) 실제로 베이컨은 고기를 그린, 따라서 인간과 동물 사이의 분간 불가능성을 그린 수많은 그림을 남겼다. 물론 들뢰즈가 이 고기 그림들을 그냥 지나칠 리 없다. 들뢰즈는 말한다. "분간 불가능성의 이 객관적 영역, 그것은 이미 신체 전체다. 하지만 살 또는 고기로서의 신체다. 신체는 뼈 또한 가지고 있지만 뼈는 단지 공간적 구조에 불과한 것이다. [……] 신체는 오직 신체가 뼈에 의해서 지탱되는 일을 멈출 때, 살이 뼈를 덮는 일을 멈출 때, 비록 뼈와 살이 서로를 위해 존재한다고 해도 뼈는 뼈대로 신체의 물질적 구조로서, 살은 살대로 형상의 신체적 재료로서 존재할 때에만 드러난다. [……] 그런데 회화에서 색채의 화려함에 의한 긴장까지 포함해서 이런 식의 긴장을 실현하는 것은 정확하게 말해 고기다. 고기는 살과 뼈가 구조적으로 구성되는 것이 아니라 국부적으로 서로 맞닥뜨리는 신체의 상태를 말한다. [……] 고기에서 살은 뼈로부터 흘러내리는 반면 뼈는 살로부터 솟아나는 것 같다. 이것이 렘브란트 그리고 수틴과 구별되는 베이컨의 고유한 점이다."(LS 28~29; 그림 6, 9) "고기에 대한 동정심同情心! 의심의 여지 없이 고기는 베이컨의 가장 큰 동정심의 대상, 영국계-아일랜드인인 그의 유일한 동정심의 대상이다. [……] 베이컨은 '짐승에 대한 동정심'을 말하지 않는다. 그보다 베이컨은 차라리 고통 받는 모든 인간은 고기라고 말한다. 고기는 인간과 짐승의 공통되는 영역이요 분간 불가능성의 영역이다. 고기는 화가가 자신을 공포의 대상 또는 연민의 대상과 동일시하는 그 '사실'이자 그 상태 자체이다. 확실히 화가는 정육점 주인이다. 하지만 화가는 (1946년작 〈회화〉에서 볼 수 있듯이) 마치 그가 교회에 있는 것처럼, 십자가에 못 박힌 예수를 위한 고기와 함께 정육점에 있다. 베이컨이 종교화가가 되는 것은 이처럼 오로지 정육점에서만이다. '나는 항상 도살장과 고기와 관련된 이미지들에서 큰 감동을 받았습니다. 그리고 나에게 이 이미지들은 그 자체가 십자가형의 모든 것과 밀접하게 연관되어 있습니다. …… 확실한 것은 우리는 고기이며 잠재적인 뼈대라는 점입니다. 정육점에 가면, 나는

항상 저기 동물의 자리에 내가 없다는 것에 놀라게 됩니다······.'
18세기 말엽의 소설가인 모리츠는 '이상야릇한 감정', 즉 고립이라는 극단적 감각, 거의 무에 가까운 무의미의 극단적 감각을 느낀 한 인물을 묘사한다. [······] 모리츠가 쓴 페이지들은 훌륭하다. 이것[소설의 주인공이 자신이 짐승과 같다고 느끼는 실존 체험]은 인간과 짐승의 화해가 아니며, 유사함도 아니다. 이것은 본질적인 동일성이며, 모든 감정적 동일화보다도 더 깊은 분간 불가능성의 영역이다. 즉 고통 받는 인간은 짐승이며 고통 받는 짐승은 인간이다. 이것이 생성의 실재성이다."(*LS* 29~30; 그림 2)

베이컨의 그림은 매개가 배제된 종합, 즉 일의적인 종합을 보여준다

① 단순화 = 아플라와 형상의 매개가 배제된 종합 = 존재와 존재자의 일의적인 종합

② 짝짓기화 = 두 형상의 매개가 배제된 종합 = 존재자들의 일의적인 종합

③ 삼면화 = 세 형상의 매개가 배제된 종합 = 존재의 세 리듬 또는 세 운동의 일의적인 종합

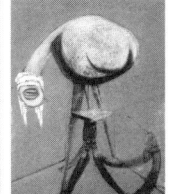

 존재의 일의성에 따라서 존재가 모든 존재자의 유일하고 같은 하나의 의미로 이야기된다는 사실, 또 모든 존재자가 자신들 속에서 생산 역능인 존재를 증명한다는 사실은 존재의 일의성의 논제 자체가 곧 존재와 존재자들의 종합의 논제에 해당한다는 것을 보여준다. 하지만 존재의 일의성이 보여주는 종합, 말하자면 존재와 존재자들의 일의적인 종합은 결코 매개를 필요로 하지 않는 종합이다. 왜냐하면 앞에서 들뢰즈의 존재론을 이야기하면서 이미 확인했듯이 존재와 존재자들을 종합하는 과정에 매개가 개입할 경우에는 매개에 의한 고정적 분리에 따라 존재가 여러 의미로 이

야기될 것이고, 결국 이렇게 이야기되는 여러 의미가 오로지 하나의 의미만 이야기되어야 한다는 존재의 일의성의 논제를 파괴시켜버리고 말 것이기 때문이다. 사실 이론적으로 따져보더라도 들뢰즈의 존재론에는 이미 매개를 위한 자리가 있을 수 없다. 서로에게 내재하며 서로 분간이 불가능한 존재와 존재자들, 생산 역능인 존재와 이 생산 역능의 생산물인 존재자들 사이에는 그 어떤 의미를 부여하더라도 매개가 끼어들 틈이 전혀 없는 것이다.

우리는 앞에서 매개가 배제된 종합, 즉 일의적인 종합은 들뢰즈의 존재론에서 다음과 같은 삼중의 매개가 배제된 형태로 나타난다는 것을 보았다. 그것은 첫째, 차원과 관련된 매개가 배제된 종합(잠재적 차원과 현실적 차원의 매개가 배제된 종합), 둘째, 수와 관련된 매개가 배제된 종합(하나와 다수의 매개가 배제된 종합), 셋째, 운동과 관련된 매개가 배제된 종합(생산 운동과 용해 운동의 매개가 배제된 종합)이다. 그렇다면 우리는 이제껏 그래 왔듯이 이번에도 베이컨의 그림에 대하여 정당하게 다음과 같은 연역적 추론을 할 수 있다. 만약 베이컨의 그림이 들뢰즈 존재론의 또 다른 표현이라면, 베이컨의 그림 또한 들뢰즈의 일의적 존재론과 마찬가지로 삼중의 매개가 배제된 종합을 함축하며 표현해야만 한다. 그것은 (차원과 관련된) 아플라와 형상의 매개가 배제된 종합, (수와 관련된) 두 형상의 매개가 배제된 종합, (운동과 관련된) 세 형상의 매개가 배제된 종합이다.

이 삼중의 매개가 배제된 종합 가운데 첫 번째에 해당하는 아플라와 형상의 매개가 배제된 종합은 앞에서 베이컨의 그림이 표현하는 운동의 논제와 분간 불가능성의 논제를 다루면서 이미 거론한 것이기도 하다. 즉 아플라와 형상 사이의 두 운동이 하나의 이중 운동을 이룸에 따라서, 또 아플라와 형상이 궁극적으로 하나로 합쳐짐에 따라서 자연스럽게 아플라와 형상이 매개가 배제된 채 종합되는 것이다. 그리고 이러한 아플라와 형상의 매개가 배제된 종합은 존재론적으로 말하면 존재와 존재자의 일의적인 종합을, 차원의 관점에서 말하면 잠재적 차원과 현실적 차원의 일의적인 종합을 뜻한다. 요컨대 베이컨의 그림은 들뢰즈 존재론의 차원과 관련된 매개가 배제된 종합, 즉 잠재적 차원과 현실적 차원의 매개가 배제된 종합을 충실히 표현하고 있는 것이다. 우리는 이것을 베이컨의 그림 가운데 형상이 하나만 있는 그림에서, 말하자면 단순화에서 분명히 본다(그림 1, 4).

다음으로 베이컨의 그림은 두 형상의 매개가 배제된 종합을 표현한다. 실제로 베이컨의 그림에는 하나의 형상만 있는 단순화만 있는 것이 아니다. 한 그림 속에 두 개의 형상이 있는 짝짓기화 또한 있다(그림 6, 7, 9). 그리고 들뢰즈의 해석에 따르면 다름 아닌 베이컨의 이 짝짓기화가 두 형상의 매개가 배제된 종합을 표현한다. 여기에서 우리는 『감각의 논리』 첫 장에서 들뢰즈가 제기한 중요한 논제 하나를 떠올릴 수 있다. 그것은 베이컨이 사실관계라고 명명한, 두 사실 간의 비재현적 종합의 논제다. 들뢰즈는 말한다. "서술적이지 않을, 따라서 그로부터 그 어떤 구상figuration도 비롯되지 않을, 형상들 사이의 다른 유형의 관계는 없을까? 동일한 사실 위에서 자라날 다양한 형상들, 구상의 총체 속에서 이야기를 들려주거나 다른 대상들을 가리키는 것이 아니라, 하나의 유일하고 동일한 사실에 속하게 될 다양한 형상들은 없는 걸까? 형상들 사이의 비서술적 관계들은 없을까? 형상들과 사실 사이의 비예시적 관계들은 없을까? 베이컨은 짝지어진 형상들, 하지만 그 어떤 이야기도 하지 않는 형상들을 그리는 일을 멈추지 않았다. 게다가 삼면화의 각각의 패널들 또한 서로 강한 관계를 가지고는 있지만, 이 관계에 서술적인 것은 전혀 없다. 베이컨은 고전 회화가 형상들 사이의 이 같은 다른 유형의 관계를 그리는 데 자주 성공했다는 것을, 또 이것은 미래 회화의 여전한 과제이기도 하다는 것을 겸손하게 인정한다. '분명히 많은 걸작이 하나의 동일한 화폭 위의 여러 형상으로 이루어졌고, 모든 화가가 이런 식으로 그리고자 하는 강한 욕구를 가지고 있음은 자명하다……. 하지만 한 형상에서 다른 한 형상으로 넘어가면서 이미 말해지는 이야기는 회화가 스스로 행동할 수 있는 가능성을 즉각 제거해버린다. 바로 여기에 아주 큰 어려움이 있다. 그러나 언젠가는 하나의 동일한 화폭 위에 여러 형상을 넣을 수 있는 누군가가 올 것이다.' 그렇다면 짝지어진 또는 서로 구분되는 형상들 사이에 존재하는 이 다른 유형의 관계들이란 어떤 것일까? (대상들 또는 관념들이 이루는) 인지 가능한 관계들에 반대된다는 점에서 우리는 이 새로운 관계들을 사실관계들matters of fact이라 부르고자 한다."(LS 12~13) 인용문의 "동일한 사실 위에서 자라날 다양한 형상들", "하나의 유일하고 동일한 사실에 속하게 될 다양한 형상들" 같은 표현은 들뢰즈의 일의적 존재론을 설명하는, 들뢰즈가 매우 즐겨 쓰는 아주 전형적 표현임을 주목하자. 그렇다! 발생한 하나의 사건, 선인격적이고 선재현적인 하나의 사건을 사실이라고 할 때, 들뢰즈는 발생한 다수의 사건의 선인격적이고 선재현적인 관계, 즉 사실들의 선인격적이고 선재현적인 관계 또한 그림으로 표현될 수 있어야 하고, 또 표현되어야 한다고 주장하는 것이다. 그것도 "그러나 언젠가는 하나의 동일한 화폭 위에 여러 형상을 넣을 수 있는 누군가가 올 것이다."라는 문장에서 보듯이 초인을 기다리는 니체처럼 비장하게 말이다.

그런데 들뢰즈가 기다리는 누군가, 하나의 동일한 화폭 위에 여러 형상을 넣을 수 있는 누군가가 드디어 왔다. 그는 바로 짝짓기화로 이 과업을 성취한 베이컨이다! 다음 글은 기다리던 누군가를 마침내 만난 들뢰즈의 감탄문이라고 할 수 있다. "우선 짝지어진 두 형상이 있다. 보다 정확히 말해 [형상이 곧 감각을 가리킨다는 점에서] 결정적인 것은 감각들의 짝짓기다. 우리는 이 경우 두 형상에게 단 하나의 동일한 사실관계가 있다고, 또는 더 나아가 두 신체에게 단 하나의 짝 지어진 형상이 있다고 말할 것이다. 처음부터 우리는, 베이컨을 따라, 비록 '이야기'를 다시 들여오거나 서술적 회화에 다시 빠질 위험이 있다고 할지라도 화가는 그림 위에 여러 형상을 한꺼번에 넣는 일을 포기할 수 없다는 것을 보았다. 따라서 문제는 동시적인 형상들 사이에 예시적이지도 않고 서술적이지도 않으며 심지어는 논리적이지도 않은 관계, 정확하게 말해 우리가 '사실관계들'이라고 부를 관계들이 존재할 수 있는지에 관한 것이다. 그리고 지금 우리가 거론하고 있는, 서로 다른 수준의 감각들의 짝짓기가 짝지어진 형상을 만드는 경우(물론 그 반대는 아니다)가 바로 이 사실관계에 해당된다. 그려지는 것, 그것은 감각이다. 즉 혼합된 형상들의 아름다움이 그려진다. 혼합된 형상들은 서로 혼동되지 않지만, 신체들에 대해 일종의 자율성을 획득한 극도로 엄밀한 선들에 의해 분간 불가능해진다. 다이어그램의 선들이 오로지 감각들만을 하나로 묶을 때, 마치 그 다이어그램 속에서 그런 것처럼 말이다. 이처럼 해야 할 이야기가 전혀 없어도 두 신체의 공통된 하나의 형상 또는 두 형상의 공통된 하나의 '사실'이 있다. 그리고 베이컨은 명확한 작품을 그리던 시기와 마찬가지로 '말레리슈' 시기에도 짝지어진 형상들을 그리는 일을 멈추지 않았다. 즉 짝짓기라는 동일한 힘 아래에서, 동일한 형상 속에서, 신체들이 으깨져 있는 것이다."(LS 65~66)

그렇다면 우리가 들뢰즈와 더불어 다음에 묻게 되는 것은 '어떻게'다. 베이컨은 도대체 어떻게 두 형상의 짝짓기, 다시 말해 두 감각의 짝짓기에 도달하는가? 그것은 공명, 즉 두 감각 사이의 공명이다. 마치 마들렌을 입에 물었을 때, 자신의 의지나 의식과는 무관하게 마들렌에 대한 현재의 감각과 콩브레에 대한 과거의 감각 사이의 공명 속으로 즉각적으로 들어가는, 프루스트의 소설 『잃어버린 시간을 찾아서』의 주인공처럼 말이다. "프루스트가 매달렸던 것, 프루스트가 탄생시키길 원했던 것은 구상으로부터 뽑혀져 나와 그 어떤 구상적 기능도 행하지 않는 일종의 형상, 예를 들어 콩브레의 즉자적 형상과 같은 즉자적 형상이었다. 프루스트 스스로가 '형상들의 도움으로 기술된 진리들'에 대하여 말하곤 했다. 또 많은 경우 프루스트가 무의식적 기억에 의존했다면, 그것은 의식적 기억이 과거를 예시하거나 서술하는 데 그치는 것과 반대로, 무의식적 기억은 이 순수 형상을 솟아나게 하는 일에 성공하였기 때문이다."(LS 66~67) "프루스트에 따르면 무의식적 기억은 어떻게 작동하는가? 무의식적 기억은 신체 속에서 서로 다른 수준으로 실존하면서 마치 두 격투사처럼 서로 뒤엉켜 있는 두 감각, 즉 현재의 감각과 과거의 감각을 짝짓는다. 그럼으로써 무의식적 기억은 과거와 현재 그 어느 쪽으로도 환원 불가능한 어떤 것, 즉 순수 형상이 솟아나도록 하는 것이다. [……] 여기에서 중요한 것은 두 감각이 서로 뒤엉켜 있을 때 일어나는 두 감각의 공명이다. 예를 들어 소나타의 바이올린 감각과 피아노 감각이 그렇다. [……] 우리는 더 이상 회화-음악의 차이에 매달리지 않는다. 중요한 것은 두 감각이 마치 '격투사들'처럼 서로 짝을 이루면서 '에너지로 된 신체 대 신체'를 형성한다는 사실이다. 그것이 비록 탈육화된 신체 대 신체라고 할지라도 말이다. 바로 이 탈육화된 신체 대 신체로부터 뭐라고 표현할 수 없는 본질이 드러나고, 공명이 울려 퍼지며, 폐쇄된 세계 속에 세워진 [형상의] 현시가 밝히 나타난다."(LS 67) 프루스트가 그랬던 것처럼 베이컨 또한 두 감각을 공명시킴으로써 두 감각의 짝짓기, 즉 두 형상의 짝짓기에 도달한다. 다만 양자 사이에 차이가 있다면, 그것은 프루스트와 달리 베이컨은 사진에 대한 현재의 감각과 해당 인물에 대한 과거의 감각을 서로 공명시킨다는 사실이다. "베이컨은 현재의 사진과 최근의 회상을, 더 정확히 말하면 현재의 사진 감각과 최근의 인상 감각을 더 선호한다. 말하자면 그는 회화적 행위를 통해서 일종의 '회고'를 하는 것이다. 하지만 사실 이 회고는 (프루스트에게서 순수 형상이 기억과 무관한 것보다 훨씬 더) 기억과 거의 관계가 없다. 중요한 것은 두 감각[현재의 사진 감각과 최근의 인상 감각]이 서로 뒤엉켜 있다는 것, 그리고 그로부터 두 감각이 끄집어내는 공명이다. 그것은 마치 머이브리지가 사진을 통해 그 움직임을 분석한 바 있는 격투사들과도 같다. [……] 수면, 욕구, 예술, 이것들은 곧 뒤엉킴의 장소이자, 공명의 장소요, 싸움의 장소인 것이다."(LS 67~68)

베이컨의 짝짓기화는 이처럼 두 형상의 매개가 배제된 종합을 표현한다. 이것을 존재론적으로 바꾸어 말하면 다음과 같다. 베이컨의 짝짓기화는 두 존재자의 매개가 배제된 종합을 표현한다. 그런데 두 존재자가 매개가 배제된 채 종합되었다는 말은, 궁극적으로 볼 때, 존재론적 위상이 존재의 환영인 두 존재자가 존재의 역능을 유일한 하나의 의미로 증명한다는 것을 뜻한다. 왜냐하면 존재와 존재자들의 존재론적 위상과 역할이 오로지 이와 같을 경우에만 존재자들은 자신들의 다양한 차이에도 불구하고 그 어떤 매개도 없이 하나를 이룰 수 있기 때문이다. 따라서 두 존재자의 매개가 배제된 종합은 하나와 다수의 매개가 배제된 종합과 다른 것이 아니다. 요컨대 베이컨의 짝짓기화는 두 형상의 매개가 배제된 종합을 표현함으로써 결과적으로 들뢰즈 존재론의 수와 관련된 매개가 배제된 종합, 즉 하나와 다수의 매개가 배제된 종합을 충실히 표현하고 있는 것이다.

마지막으로 베이컨의 그림은 세 형상의 매개가 배제된 종합을 표현한다. 단순화가 아플라와 형상의 매개가 배제된 종합을 표현하고, 짝짓기화가 두 형상의 매개가 배제된 종합을 표현했다면, 이제 삼면화가 세 형상의 매개가 배제된 종합을 표현하는 것이다(그림 6~9). 베이컨은 두 형상의 매개가 배제된 종합을 가리켜서, 두 사실이 선재현적 관계 또는 비재현적 관계를 이룬다는 의미에서 특별히 사실관계라고 불렀다. 그렇다면 우리는 세 형상의 매개가 배제된 종합 또한 세 사실이 선재현적 또는 비재현적 관계를 이룬다는 의미에서 사실관계라고, 하지만 짝짓기화가 보여주는 사실관계와 분명히 구분되는 새로운 사실관계라고 부를 수 있을 것이다. "아마도 삼면화의 형태 아래에서는 다음과 같은 요구가 가장 엄격하게 제기될 것이다. 즉 분리된 부분들 사이에 어떤 관계가 있어야 하되, 이 관계는 논리적이어서도 안 되고 서술적이어서도 안 된다는 요구 말이다. 삼면화는 그 어떤 진행도 함축하지 않으며, 그 어떤 이야기도 하지 않는다. 따라서 삼면화는 자기 나름의 방식으로 다양한 형상을 위한 공통적인 한 사실을 육화해야만 한다. 즉 그 어떤 '사실관계'를 드러내야만 하는 것이다. 다만 여기에서는 앞에서 거론된 짝짓기라는 해결책이 유효할 수 없다. 실제로 삼면화에서는 형상들이 분리되어 있으며 또 계속해서 분리된 채로 있기 때문이다. 형상들은 분리된 채로 있어야 한다. 형상들은 공명하지도 않는다. 따라서 두 종류의 비서술적 관계가 존재하며, 두 종류의 '사실관계' 또는 두 종류의 공통적인 사실이 존재한다. 즉 짝지어진 형상들의 관계가 한편에 있고 또 다른 한편에 삼면화의 부분들처럼 분리된 형상들의 관계가 있는 것이다. 하지만 이 분리된 형상들이 어떻게 공통적인 한 사실을 가질 수 있게 되는 걸까?"(LS 68)

들뢰즈는 이 물음에 대한 답변을 베이컨의 삼면화에서 볼 수 있는 운동 또는 리듬의 개념에서 찾는다. 즉 삼면화의 분리된 세 형상은 서로 역행하는 두 운동과 수평성을 유지하는 한 운동, 이렇게 세 운동을 각각 하나씩 가리키는데, 바로 이 세 운동이 매개가 배제된 채 종합되기 때문에 결과적으로 삼면화의 분리된 세 형상 또한 매개가 배제된 채 종합되는 세 운동을 따라서 공통된 하나의 사실, 즉 사실관계를 이루게 된다는 것이다. 이미 우리는 베이컨의 그림에는 아플라와 형상 사이를 서로 역행하며 가로지르는 두 운동이 있음을 안다. 우리는 이 두 운동을 단순화와 짝짓기화에서 얼마든지 확인할 수 있다. 하지만 지금 문제가 되는 그림은 단순화나 짝짓기화가 아닌 삼면화다. 즉 한 작품을 이루고는 있지만 서로 분리되어 있는 세 그림으로 인해서 구조적으로 명백히 분리된 상태로 있을 수밖에 없는 세 형상이 문제인 것이다. 이렇게 분리되어 있는 세 그림 또는 세 형상에게 각각 운동을 하나씩 분배하려면 우리가 이전까지 단순화나 짝짓기화에서 보아왔던 두 운동과는 차원이 다른 세 운동, 새로운 관점으로 해석된 세 운동을 이야기해야 한다. 이전에는 하나의 그림에서 두 운동을 읽어냈다. 하지만 삼면화에서는 삼면화를 이루는 세 그림 하나하나가 각자에게 고유한 운동을 하나씩 드러낸다. 예를 들어 왼쪽 그림은 상승 운동, 가운데 그림은 수평 운동, 오른쪽 그림은 하강 운동, 이런 식으로 말이다. (물론 이때 삼면화의 상승 운동과 하강 운동은 존재론적으로 볼 때 존재의 두 운동, 즉 존재의 생산 운동과 용해 운동을 가리킨다. 왜냐하면 베이컨의 그림과 들뢰즈의 존재론 사이의 동형관계는 삼면화에 대해서도 여전히 유효하기 때문이다. 그렇다면 들뢰즈의 존재론에서 삼면화의 수평 운동에 해당하는 것을 어떤 식으로든 찾아내야만 한다는 과제가 남게 된다. 우리는 곧 이 문제의 해결을 보게 될 것이다.) 삼면화는 이렇게 상승 운동, 하강 운동, 수평 운동이라는 세 운동 또는 세 리듬을 분배한다. 하지만 치밀하고 꼼꼼한 들뢰즈는 삼면화의 세 운동에 곧바로 뛰어들지 않는다. 즉 삼면화의 세 운동을 예견할 수 있게 해주는 그림 한 점을 선택하여 분석함으로써 삼면화의 세 운동이 어떤 운동인지, 그중에서도 특히 수평 운동이 어떤 운동인지 우리에게 미리 알려주는 것이다(그림 5). "베이컨의 1963년 작품인 〈남자와 어린아이〉 같은 그림을 보자. 자기 의자에 몸이 뒤틀린 채 앉아 있는 남자의 형상과 뻣뻣하게 서 있는 소녀의 형상은 이 둘 사이에서 각을 이루고 있는 아플라의 모든 영역에 의해서 분리되어 있다. 러셀[비평가 존 러셀]은 이 그림에 대해 다음과 같이 묻는다. '이 소녀는 그녀를 용서하지 않을 아버지에게 야단을 맞았을까? 의자 위의 남자가 몸을 비틀면서 다른 방향을 보고 있는 데 반해 소녀는 팔짱을 끼고서 남자를 향해 얼굴을 들고 있는 걸 보면, 혹시 이 소녀는 남자를 지키는 사람일까? 소녀는 정신병자이거나 또는 남자를 지긋지긋하게 쫓아다니는 인간 괴물일까? 아니면 받침대 위에 앉아 있는 남자는 심판을 내릴 준비를 하는 재판관일까?' 각각의 질문에 대해서 러셀은 그림 속에 어떤 서술을 다시 들어올지도 모를 가정을 거부한다. '우리는 결코 그에 대해 알 수 없을 것이며, 또 그것을 알려고 기대조차 하지 말아야 할 것이다.' 어쩌면 우리는 이 그림이 이 모든 가정 또는 모든 서술을 동시에 가능하게 한다고 말할 수도 있을 것이다. 하지만 만약 그렇다면, 그것은 이 그림 자체가 모든 서술의 바깥에 존재하기 때문이다. 따라서 이 그림은 '사실관계'가 감각의 짝짓기가 될 수 없는 경우에 해당하는 그림, '사실관계'가 그림 속 형상들의 분리를 확실히 설명해주는 경우에 해당하는 그림이라고 할 수 있다. 어린 소녀는 여기에서 '증인'의 기능을 하고 있는 것처럼 보인다. 하지만 우리가 이미 보았듯이 이 증인은 [주체와 객체가 분리된 상태에서 거론될 수 있는] 관찰자도, 엿보는 자-관객도 의미하지 않는다(비록 어떤 일이 있더라도 기어이 존속하고야 마는 구상의 관점에서 보면 이 증인이 관찰자가 될 수 있을지 몰라도 말이다). 보다 깊이 있게 보면, 이 그림에서 증인은 [객체와 분리된 주체-관찰자가 아니라] 단지 변화를 평가할 때 의존할 수 있는 어떤 상수常數, 척도 또는 박자만을 가리킨다. 그림 속의 남자가 마치 올리고 내리는 조절이 가능한 의자에 앉아 있는 것과 같이 어떤 이중의 변화 속에 잡혀 있다면, 또 그림 속의 남자가 두 방향으로 가로지르는 감각의 수준들에 사로잡혀 있다면, 반면에 소녀는 말뚝처럼 뻣뻣하게 서서 안짱다리로 [남자가 보여주는 이중의 변화에] 박자를 맞추는 것처럼 보이는 이유가 바로 이것이다."(LS 69) 요컨대 이 그림은, 더 나아가 삼면화는 세 운동을 분배한다. 그것은 상승 운동, 하강 운동, 그리고 증인 운동이다.

앞에서 잠깐 지적한 것처럼 삼면화가 세 운동을 분배한다면, 베이컨의 그림과 동형관계에 있는 들뢰즈의 존재론 또한 세 운동을 분배해야 한다. 따라서 우리는 삼면화의 증인 운동에 해당하는 것을 들뢰즈의 존재론에서 찾아내야만 한다. 과연 들뢰즈의 존재론에는 증인 운동이라고 부를 수 있는 운동이 있을까? 도대체 증인이라는 말은 들뢰즈의 존재론에서 어떤 존재론적 의미를 가지는 것일까? 이 물음에 정확하게 답변하기 위해서는 미리 고려해두어야 할 분명한 사실이 하나 있다. 그것은 베이컨의 삼면화에서 증인 운동은 단독으로 이야기되지 않고 언제나 다른 두 운동과 더불어 이야기된다는 사실이다. 앞의 인용문에서 증인이 두 운동의 변화를 평가할 때 의존할 수 있는 어떤 상수, 척도, 박자로 이야기되는 이유, 증인 역할을 하는 소녀가 남자가 보여주는 이중의 변화에 박자를 맞추는 것으로 보이는 이유가 바로 이것이다. 따라서 들뢰즈의 존재론에서 증인 운동의 역할을 하는 무언가를 찾고자 할 때, 또는 증인이라는 말의 존재론적 의미를 밝히고자 할 때, 반드시 우리는 존재의 생산 운동과 용해 운동을 한꺼번에 고려해야만 한다. 그렇다면 한번 상황 설정을 해보자. 즉 한쪽에 생산 운동과 용해 운동이 있고 다른 한쪽에 증인 운동 또는 증인이 있다고 생각해보자. 이렇게 설정된 증인 운동 또는 증인이 들뢰즈의 일의적 존재론에 정합적일 수 있으려면, 증인 운동 또는 증인은 다른 두 운동에 대해서 어떤 역할을 해야 하며 어떤 의미를 가져야 하는 걸까? 답변은 다음과 같다. 들뢰즈의 일의적 존재론에서 증인 운동 또는 증인은 다른 두 운동에 대해서 다음의 두 가지를 담보해야 한다. 첫째, 증인 운동 또는 증인은 존재의 두 운동의 실재성을 담보해야 한다. 존재의 두 운동이 사건을 발생시키고 차이를 생산하더라도 그것을 증언해줄 증인 운동 또는 증인이 없다면 결국 발생한 차이도, 생산된 차이도 없는 것이나 마찬가지일 것이다. 예를 들어 실제로 사고가 발생했다 하더라도 신문이나 방송에서 그 사건을 알려주지 않을 경우, 일반인들에게 그 사고는 애초에 발생하지도 않은 것과 마찬가지로 말이다. 결국 증인 운동 또는 증인이 없다면 사건의 발생도, 차이의 생산도 없다. 둘째, 증인 운동 또는 증인은 존재의 두 운동의 지속적 실천을 담보해야 한다. 존재의 두 운동이 사건을 발생시키고 차이를 생산하는 일은 결코 일회성 행사와 같은 것이 아니다. 그 일은 지속적인 실천을 자신의 필요충분조건으로 한다. 마치 스피노자적 신이 오로지 만물을 생산함으로써만 실재적인 생산 역능인 것과 마찬가지로, 생명이 오로지 생명의 다양한 형식을 생산함으로써만 실재적인 생산 역능인 것과 마찬가지로 존재의 두 운동 또한 오로지 지속적으로 사건을 발생시키고 지속적으로 차이를 생산함으로써만 실재적인 두 운동인 것이다. 따라서 들뢰즈의 일의적 존재론은 존재의 두 운동의 지속적 실천을 담보해줄, 또는 존재의 두 운동을 본래적 의미의 두 운동일 수 있도록 해줄 증인 운동 또는 증인이 필요하게 된다. 증인 운동 또는 증인에 관한 물음이 들뢰즈의 일의적 존재론에서 핵심적 물음으로 등장하는 것은 이 때문이다. 따라서 들뢰즈의 일의적 존재론이 증인 운동 또는 증인이라는 말을 명시적으로 쓰지는 않는다고 하더라도, 들뢰즈의 일의적 존재론에는 증인 운동 또는 증인에 해당하는 그 무엇이 반드시 존재하며 또 존재해야만 한다. 그렇다면 들뢰즈의 일의적 존재론에서 증인 운동 또는 증인에 해당하는 것은 과연 무엇일까? 그것은 긍정 운동 또는 긍정이다. 존재의 두 운동의 실재성과 지속적 실천을 담보해줄, 존재의 두 운동의 자기 긍정 운동 또는 긍정 말이다. 예를 들어 니체-들뢰즈는 디오니소스와 아리아드네의 관계를 바로 이 긍정 운동 또는 긍정으로 설명한다. 사건의 발생과 차이의 생성을 상징하는 디오니소스는 자신의 실재성, 자신의 지속적 실천성을 담보받기 위해 아리아드네의 긍정이 필요하다. 디오니소스가 아리아드네에게 접근하는 이유, 아리아드네에게 긍정의 속삭임을 요구하는 이유가 바로 이것이다. 긍정은 들뢰즈의 일의적 존재론을 지탱하는 핵심적 요소로서 들뢰즈의 일의적 존재론에 가장 많이 등장하는 용어 가운데 하나이다. 탈영토화와 재영토화의 반복, 사건의 반복, 차이의 반복…… 그리고 가장 결정적 표현인 영원회귀에 이르기까지, 이 모두가 주장하는 하나, 그것은 긍정이다. 영원회귀로서의 긍정, 이런 의미의 긍정에는 처음도 없고 끝도 없다. 더도 없고 덜도 없다. 그냥 그렇게 처음도 없고 끝도 없이, 더도 없고 덜도 없이 그저 영원히 회귀할 뿐이다. 영원회귀로서의 긍정 자신의 실재성과 지속적 실천성을 담보하면서 말이다. 따라서 긍정은 점점 더 상승하는 것도, 점점 더 하강하는 것도 아니다. 긍정은 더도 없고 덜도 없이 영원히 뻗어나가는 수평선과 같은 것이다. 마치 삼면화의 증인 운동이 수평 운동인 것과 같이 말이다. 따라서 우리는 다음과 같이 말할 수 있다. 베이컨의 그림과 동형관계에 있는 들뢰즈의 존재론 역시 베이컨의 삼면화와 마찬가지로 세 운동을 분배한다고, 그리고 그 세 운동이란 존재의 생산 운동, 용해 운동, 긍정 운동이라고.

물론 존재의 두 운동이 그런 것처럼 존재의 세 운동 또한 서로 분명히 구분되지만 또한 분간이 불가능하다. 만약 그렇지 않다면 당장 존재의 일의성이 무너지고 말 것이기 때문이다. 따라서 존재의 두 운동이 그랬던 것처럼 존재의 세 운동 또한 매개가 배제된 채 종합된다. 즉 존재의 세 운동이 일의적으로 종합되는 것이다. 그리고 존재의 세 운동의 이 매개가 배제된 종합의 결과는 삼면화의 세 운동과 관련해서 결정적인 중요성을 갖는다. 왜냐하면 베이컨의 그림과 들뢰즈의 존재론 사이의 동형관계에 따라서 존재의 세 운동이 그런 것처럼 삼면화의 세 운동 또한 매개가 배제된 채 종합될 것이고, 그 결과로 삼면화의 세 운동은 짝짓기화의 사실관계와 분명히 다른, 새로운 사실관계를 우리에게 보여줄 것이기 때문이다. (우리는 이 점을 삼면화의 존재 구현을 이야기할 때 다시 한번 살펴보게 될 것이다.)

앞에서 우리는 삼면화는 상승 운동, 하강 운동, 증인 운동을 분배한다고, 즉 삼면화의 분리된 세 그림 하나하나, 분리된 세 형상 하나하나가 각각 자기에게 고유한 운동을 하나씩 드러낸다고 말했다. 이때 분배하는 형상과 분배되는 운동은 서로 다른 무엇이 아니다. 왜냐하면 베이컨-들뢰즈에게 있어서는 형상이 곧 사실이며 감각이고 사건이며 운동이기 때문이다. 요컨대 베이컨-들뢰즈에게 있어서는 형상이 곧 운동이고 운동이 곧 형상인 것이다. 따라서 분배하는 형상이 주체고 분배되는 운동이 객체라고 할 때, 분배의 주체와 분배의 객체는 서로 분명히 구분은 되지만 분간은 안 된다. 들뢰즈는 말한다. "삼면화에서 우리는 세 리듬을 보게 될 것이다. 즉 증가하는 변화 또는 팽창에서 '적극적' 리듬을 보게 될 것이고, 감소하는 변화 또는 제거에서 '수동적' 리듬을 보게 될 것이며, 마지막으로 '증인'을 보게 될 것이다. 삼면화에서 리듬은 한 형상에 달라붙어서 그 형상에 의존하는 일을 그만두게 될 것이다. 즉 리듬 그 자체가 형상이 되고 형상을 구성하게 될 것이다. [……] 베이컨은 삼면화를 이동할 수 있는 것 그 이상으로, 즉 운동의 등가물로 만든다. [……] 그에게서 삼면화는 곧 기본이 되는 세 리듬의 분배가 될 것이다. 거기에는 삼면화의 선적인 조직이 아니라 오히려 순환적인 조직이 존재하는 것이다."(LS 70) 결국 우리는 다음과 같은 등식을 세울 수 있다. '삼면화의 세 형상 = 삼면화의 세 운동 = 존재의 세 운동'. 당연한 이야기지만 이 등식에서 한 항에 유효한 무언가가 있다면 그것은 다른 두 항에도 똑같이 유효할 것이다. 따라서 우리는 등식의 유효성을 유지하면서 등식의 내용을 풍부하게 할 수 있다. 그 가운데 하나가 이것이다. '삼면화의 세 형상의 매개가 배제된 종합 = 삼면화의 세 운동의 매개가 배제된 종합 = 존재의 세 운동의 매개가 배제된 종합'. 따라서 우리는 마침내 이렇게 말할 수 있다. 베이컨의 삼면화는 세 형상의 매개가 배제된 종합을 표현함으로써 들뢰즈 존재론의 운동과 관련된 매개가 배제된 종합, 즉 존재의 생산 운동, 용해 운동, 긍정 운동의 매개가 배제된 종합을 충실히 표현하고 있다.

베이컨의 삼면화가 구현하는 들뢰즈적 존재

베이컨의 삼면화는 존재의 세 운동을 일의적으로 종합함으로써 존재를 구현한다

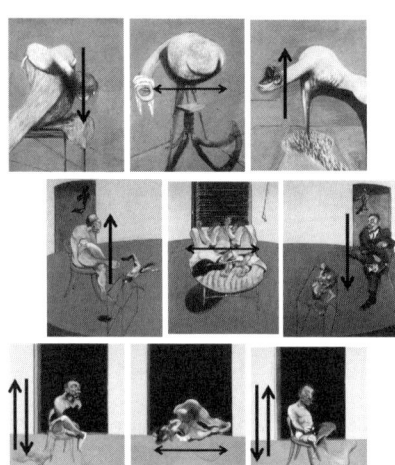

삼면화에서는 '형상 = 존재의 운동'의 등식이 성립한다
↓
삼면화는 존재의 세 운동(생산 운동, 용해 운동, 증인 운동)을 분배하는 장이다
↓
(존재의 세 운동은 서로 분명히 구분되지만 분간이 불가능하다는 점에서 하나의 유일하고 동일한 운동을 이루기 때문에) 삼면화가 분배하는 세 운동은 하나의 유일하고 동일한 운동을 이룬다
↓
삼면화는 일의적인 운동으로서의 존재를 그 모습 그대로 구현한다

앞에서 우리는 삼면화를 직접 다루지 않았다. 단지 삼면화의 세 운동을 예견하게 해주는 작품 〈남자와 어린아이〉를 분석함으로써 삼면화에 관한 다음의 두 사실만을 확인했을 뿐이다. 그것은 첫째, 삼면화는 상승 운동, 하강 운동, 증인 운동이라는 세 운동을 분배한다는 것이었고, 둘째, 삼면화는 세 형상의 매개가 배제된 종합을 표현함으로써 결과적으로 존재의 생산 운동, 용해 운

동, 긍정 운동의 매개가 배제된 종합을 충실히 표현한다는 것이었다. 이제는 삼면화를 대상으로 이 사실들을 직접 검토하고 확인해 보는 일이 남아 있다(그림 6~9).

먼저 증인 운동부터 보자. 앞에서 이미 말했듯이 증인 운동은 지속적인 실천을 담보하는 영원회귀의 운동이고, 따라서 그것은 언제나 자신에게 회귀하는 운동이다. 그런데 상승 운동과 하강 운동은 단지 상승만 하고 하강만 할 뿐이지 자신에게 회귀하는 운동이 아니다. 만약 이 두 운동이 회귀할 수 있다면, 상승 운동은 하강 운동을 통해서만 회귀할 수 있고, 하강 운동은 상승 운동을 통해서만 회귀할 수 있다. 상승한 것이 제자리로 되돌아오려면 하강할 수밖에 없지 않겠는가! 하지만 수평 운동은 다르다. 그것은 처음도 없고 끝도 없는, 더도 없고 덜도 없는 운동이라는 점에서 항구적으로 자신에게 회귀하는 운동이다. 들뢰즈가 증인 운동은 수평성을 본질로 한다고 말하는 것은 이 때문이다. "형상적 증인은 완전히 다른 성격을 통해서, 즉 그가 지닌 수평성, 그가 지닌 거의 항구적인 수준을 통해서 증인으로서 정의될 것이다. 실제로 그 자신으로 회귀할 수 있는 리듬, 따라서 성장도 없고 쇠퇴도 없는 리듬, 증가도 없고 감소도 없는 리듬을 정의하는 것은 수평적인 것이다. 이것이 증인-리듬이다. 반면에 다른 두 수직적인 리듬은, 한 리듬이 다른 한 리듬의 역행을 이룬다는 점에서, 오로지 이 리듬이 저 리듬에, 또 저 리듬이 이 리듬에 관련될 경우에만 회귀할 수 있다."(LS 74) 그리고 "이 수평적인 것은 여러 형상을 제시할 수 있다. 우선 히스테리컬한 평평한 미소의 형상이 있다. 앞에서 보았듯이 1953년작 〈머리 삼면화〉(왼쪽 패널)도 그렇지만 그 이전에 1944년작 〈괴물 삼면화〉(중앙의 패널)도 그렇다. 이 〈괴물 삼면화〉에서 붕대로 눈이 가려진 머리는 결코 물어뜯으려고 하는 머리가 아니다. 그것은 입의 수평적 변형에 따라서 미소 짓고 있는 흉측한 머리이다."(LS 74; 그림 8)

다음으로 상승 운동과 하강 운동을 보자. 상승 운동과 하강 운동은 서로 역행하는 운동이며, 따라서 이 두 운동은 역행의 짝을 이룬다. 하지만 역행의 짝에는 상승-하강만 있는 것이 아니다. 수축-팽창, 감소-증가의 짝처럼 역행하는 운동과 리듬 속으로 우리를 인도하는 짝은 얼마든지 있을 수 있다. 베이컨의 삼면화 또한 다양한 역행의 짝을 담고 있다. 서로 역행하는 두 계열을 상정해보자. 양쪽 계열에서 한 항씩 선택해서 조합하면 곧바로 역행의 짝이 구성될 수 있는 그런 두 계열을 말이다. 먼저 한쪽에 능동적 계열이 있다. 그것은 예를 들어 하강, 팽창, 입음, 증가 등으로 이루어진 계열이다. 다른 한쪽에 수동적 계열이 있다. 그것은 예를 들어 상승, 수축, 벗음, 감소 등으로 이루어진 계열이다. (왜 하강이 속한 계열이 능동적 계열이고 상승이 속한 계열이 수동적 계열인지 그 이유를 우리는 곧 보게 될 것이다.) 그런데 베이컨의 삼면화는 능동적 계열과 수동적 계열에서 각각 하나씩 항을 취하여 역행의 짝을 만들 때, 예를 들어 상승의 상대로 꼭 하강만 취하지 않는다. 즉 능동적 계열에 속하는 팽창, 입음, 증가 가운데 하나를 택하여 상승의 상대로 취하기도 한다. 이럴 경우 당연히 삼면화는 그만큼 더 복잡해지게 될 것이다. 하지만 삼면화의 복잡함은 여기에 그치지 않는다. 심지어 하나의 형상, 하나의 신체 속에 능동적 계열의 항과 수동적 계열의 항이 함께 공존하는 경우까지 있을 수 있다. 예를 들어 한 형상의 상체는 능동적 계열 아래 있는 반면 하체는 수동적 계열 아래 있는 경우가 그렇다. 베이컨의 삼면화를 이루는 역행의 짝에 대해, 그리고 그 복잡함에 대해 들뢰즈는 다음과 같이 적고 있다. "서로 대립할 수 있는 이 두 리듬은 어떻게 분배되는가? 상승-하강의 대립과 관계된 단순한 경우들이 있다. 예를 들어 1944년작 〈괴물 삼면화〉는 수평적 미소를 짓는 머리의 양쪽 편에 머리카락이 흘러내리는 하강하는 머리와, 외치는 입이 위를 향하는 상승하는 머리가 있다. [……] 하지만 이것은 이미 수축-팽창이라는 또 다른 대립의 특별한 한 경우와 같다. [……] 그러나 대립이 완전히 다르게 표현된 놀라운 경우도 있다. 예를 들어 1970년작 〈삼면화〉의 오른쪽 패널과 왼쪽 패널에서 발견되는 벗은 자와 입은 자의 대립이 그것이다. [……] 그렇다면 마지막으로 벗은 자와 입은 자마저도 설명할 또 다른 대립은 없는 걸까? 그것은 감소-증가라는 대립일 것이다. [……] 하지만 가장 충격적이고 가장 감동적인 예는 아마도 1972년 8월의 〈삼면화〉일 것이다. 중앙의 패널에는 길게 누운 사람들과 명확하게 결정된 보랏빛 타원형으로 증인이 주어져 있다. 그리고 왼쪽 패널의 형상은 신체의 모든 부분이 결핍된 축소된 상반신인 반면, 오른쪽 패널의 상반신은 완성되어 가는 중에 있으며 이미 절반이 더해진 상태다. 하지만 이 모든 것이 다리와 더불어서 뒤바뀐다. 우선 왼쪽 패널에서는 한쪽 다리가 이미 완전하며 다른 쪽 다리는 그려지고 있는 중이다. 그런데 오른쪽 패널에서는 정반대로 한쪽 다리가 이미 잘렸고 다른 쪽 다리는 흘러내리고 있다. 그리고 중앙 패널의 보랏빛 타원형은 양쪽과 관련해서 각각 다른 위상을 갖는다. 즉 왼쪽 패널에서는 의자 옆에 잔존하는 장밋빛 웅덩이가 된 반면, 오른쪽 패널에서는 다리에서부터 시작된 장밋빛 흘러내림이 된다."(*LS* 75~77; 그림 6~9)

앞에서 우리는 별다른 설명 없이 하강이 속한 계열이 능동적 계열을, 상승이 속한 계열이 수동적 계열을 이룬다고 했다. 그렇다면 이제는 물어보자. 과연 무엇이 우리에게 능동적 인상과 수동적 인상을 결정짓도록 하는가? 왜 하강이 능동적이고 상승이 수동적인가? 그 이유는 강도의 차이가 오로지 하강 또는 추락 속에서만 체험되기 때문이다. 이에 대한 가장 실질적이고 적절한 예가 있다. 번지점프를 해본 사람은 안다. 그 사람에게는 더 이상 말이 필요 없을 것이다. 점프 후 몇 차례 줄에 매달려 오르내리는 동안 온몸이 형언할 수 없을 정도로 강력한 강도를 체험하게 되는데

신기하게도 그 체험은 오로지 하강할 때만 이루어진다. 번지점프보다 강도는 조금 떨어지겠지만, 놀이동산에서 롤러코스터나 바이킹을 탈 때도 우리는 이것을 확인할 수 있다. 그리고 강도의 차이에 대한 이 같은 체험 논리는 우리가 심지어 점점 더 증가하는 강도를 체험할 경우에도 마찬가지로 적용된다. 예를 들어 0에서 10으로 충격의 양을 올리는 경우처럼 점점 더 강도를 높일 때마저도 체험의 관점에서 보면 높은 강도 10에서 0으로 내려올 때 우리는 그 충격을 체험할 수 있다. 이처럼 강도상의 실재성은 곧 하강의 실재성인 것이다. 들뢰즈의 다음 글은 이 점을 정확하게 지적하고 있다. "[……] 추락은 수준의 차이를 있는 그대로 긍정하기 위한 것이다. 모든 긴장은 추락 속에서 체험된다. [……] 어떤 감각이든, 감각이 지닌 강도상의 실재성은 상승의 실재성이 아니라 다소간 '크기'를 가진 깊이를 향해서 내려가는 하강의 실재성이다. [……] 추락은 감각 속에서 가장 살아 있는 것이고, 감각은 추락 속에서 살아 있는 것으로서 체험된다. 이런 이유로 강도상의 추락은 공간적 하강뿐 아니라 상승과도 일치할 수 있는 것이다. 강도상의 추락은 팽창, 확장 또는 흩어짐과 일치할 수 있지만, 또한 마찬가지로 위축 또는 수축과도 일치할 수 있다. 강도상의 추락은 감소와 일치할 수 있지만, 또한 마찬가지로 증가와도 일치할 수 있다. 요컨대 전개되는 모든 것은 추락이다(실제로 감소를 통한 전개가 있다). 추락은 정확하게 말해 능동적 리듬이다. 그리고 이러한 사실로부터 이제 각 그림에서 무엇이 추락에 해당하는지 (감각을 통해서) 결정하는 일이 가능해진다. 이렇게 해서 우리는 각 그림마다 달라지는 능동적 리듬을 결정하게 된다. 그리고 그림에 나타나는 [능동적 리듬과] 대립할 수 있는 성격은 수동적 리듬의 역할을 하게 될 것이다."(LS 78~79) 따라서 우리는 베이컨의 삼면화에는 일종의 법칙과도 같은 등식이 존재함을 알 수 있다. 그것은 '우선적인 것=능동적인 것=하강하는 것'이라는 등식이다.

지금까지 살펴본 것처럼 삼면화는 수평적 증인 운동, 능동적 하강 운동, 수동적 상승 운동이라는 세 운동을 분배한다. 들뢰즈에 따르면 삼면화는 자신이 분배하는 이 세 운동의 매개가 배제된 종합을 표현함으로써 존재의 세 운동인 생산 운동, 용해 운동, 긍정 운동의 매개가 배제된 종합을 표현한다. 우리는 들뢰즈의 이 말이 어떻게 성립하는지 이미 안다. 그 성립 과정을 연역적으로 요약, 정리해보면 다음과 같다.

1) 삼면화에서는 '삼면화의 세 형상=삼면화의 세 운동=존재의 세 운동'의 등식이 성립한다.
2) 삼면화는 세 형상을 분배하는 장과 같다. 그렇다면 앞의 등식을 따라 삼면화에서는 '삼면화=삼면화의 세 형상을 분배하는 장=삼면화의 세 운동을 분배하는 장=존재의 세 운동을 분배하는 장'이라는 등식이 성립한다.

3) 들뢰즈의 존재론에서는 존재의 세 운동이 매개가 배제된 채 종합된다. 즉 존재의 세 운동이 일의적으로 종합되는 것이다. 그렇다면 앞의 등식을 따라서 삼면화의 세 운동, 삼면화의 세 형상 또한 일의적으로 종합된다.

4) 결국 삼면화가 자신이 분배하는 세 형상, 세 운동의 매개가 배제된 종합을 표현한다는 것은 곧 삼면화가 존재의 세 운동의 매개가 배제된 종합을, 다시 말해 존재의 세 운동의 일의적인 종합을 표현한다는 것을 뜻한다.

들뢰즈의 존재론을 이야기할 때 이미 보았듯이 들뢰즈에게 있어서 생산 역능인 존재는 그 자체가 운동이기도 하다. 즉 존재는 일의적으로 종합하는 세 운동, 또는 세 운동이 일의적으로 종합된 단 하나의 운동이다. 그런데 방금 확인했듯이 삼면화는 존재의 세 운동의 일의적인 종합을 표현한다. 즉 삼면화가 일의적으로 종합하는 세 운동, 또는 세 운동이 일의적으로 종합된 단 하나의 운동을 표현하는 것이다. 이렇게 해서 삼면화는 일의적인 운동으로서의 존재를 그 모습 그대로 구현한 그림이 된다. 요컨대 '삼면화 = 구현된 일의적 존재'인 것이다. 다음의 인용문에서 삼면화의 원칙이 존재의 일의적인 종합을 가리키는 분리적인 종합, 즉 최대한의 분리와 최대한의 합치인 것은 이 때문이다. "빛 또는 색의 합치가 즉각적으로 자신 위에서 형상들과 아플라 사이의 관계[종합 관계]를 취한다면, 또한 이로부터 형상들이 빛과 색 속에서 최대한의 분리에 도달하는 일이 발생한다."(*LS* 80) "그리고 이것이 바로 삼면화의 원칙이다. 즉 형상들의 최대한의 나눔을 겨냥한 빛과 색의 최대한의 합치. [……] 세 그림은 분리되어 있지만 더 이상 고립되어 있지 않다. [삼면화에서] 한 그림의 틀 또는 둘레는 더 이상 각 그림의 제한적인 합치를 가리키지 않는다. 그것은 세 그림의 분배적인 합치를 가리킨다."(*LS* 80~81)

베이컨의 감각 그리기

고전적 재현화는 구상적 유비에 근거한 재현적 닮음을 생산한다

모델

구상적 유비
주객 구분 O, 이성 우위 O, 매개 개입 O

사본 = 재현적 닮음

앞에서 우리는 베이컨의 그림이 존재를 구현한 그림, 감각을 구현한 그림이라고 했다. 즉 단순화에서 짝짓기화 그리고 삼면화에 이르기까지 모두가 자기 고유의 존재론적 논리에 따라 존재를 구현한다는 것을 보았다. 하지만 이제까지 존재론적 논리만 살펴보았지, 그리기의 방법에 대해서는 전혀 이야기를 하지 않았다. 존재를 구현하기 위해, 감각을 구현하기 위해 베이컨이 어떤 방식으로 그림을 그렸는지에 대해서는 묻지 않았던 것이다. 그렇다면 이

제 베이컨 고유의 그리기 방식에 대해 물어야 할 차례다. 과연 베이컨은 어떻게 감각을 그리는가? 또는 베이컨은 어떻게 형상을 창조하는가? 편의상 답의 일부를 미리 말하자면 베이컨은 다이어그램diagramme(비기표적이고 비재현적인 선, 지역, 묘선描線, 얼룩의 총체, 하지만 작용하는 총체)으로부터 참된 닮음인 형상을 창조해내는 방식으로 그림을 그린다. 물론 다이어그램으로부터 '어떻게' 형상을 창조하는지에 대해서는 여전히 알 수 없지만, 어쨌든 이것만으로도 우리는 논의를 전개하기 위한 유용한 기본적 틀을 갖게 된다. 이 기본적 틀에 따르면 중요한 것은 일단 다음의 두 가지 사실이다. 첫째, 그리기는 닮음을 생산하는 행위다. 즉 어떤 한 대상을 그린다는 것은 그 결과물로 반드시 그 대상과 닮은 것(유비analogie)을 내놓아야 한다는 것을 말한다. 그리고 이때 닮음은 참된 닮음이어야 한다. 둘째, 닮음이 비롯되는 다이어그램에 대한 입장 차이에 따라 그리기의 방식이 달라진다. 즉 그 자체가 선과 색의 혼돈인 다이어그램을 인위적으로 철저하게 통제하고 재단하려는 입장, 반대로 화폭 전체를 다이어그램으로, 즉 선과 색의 혼돈으로 덮고자 하는 입장, 아니면 선과 색의 혼돈으로부터 인위적이지 않은 방식으로 어떻게든 대상과 닮은 것을 창조해내려는 입장, 이렇게 각각의 입장에 따라서 그리기의 방식이 확연하게 달라지는 것이다.

 그렇다면 먼저 고적적 의미의 재현화 또는 구상화부터 보도록 하자. 그리기의 결과물로 재현적 닮음을 생산하는 고전적 의미의 재현화는 다음과 같은 구조를 보인다. 먼저 대상이 있다. 이 대상은 요소들 간의 관계 1(예를 들어 한 인물의 실제 얼굴을 이루는 각 기관들의 관계)로 이루어져 있다. 다음으로 대상과 재현적으로 닮은 생산된 대상이 있다. 이 생산된 대상 또한 요소들 간의 관계 2(예를 들어 초상화의 경우 그려진 인물의 얼굴을 이루는 각 기관들의 관계)로 이루어져 있다. 이때 관계 2는 관계 1을 직접적으로 닮아 있다. 즉 관계 2는 관계 1을 구상적 유비의 방식으로 닮은 직접적 이미지가 되며, 따라서 이 직접적 이미지는 이해하기가 쉽다. 마치 실제 인물을 찍어놓은 사진 이미지처럼 말이다.

 이와 같은 구조를 놓고 볼 때, 고전적 의미의 재현화는 다음과 같은 세 가지 조건을 전제하고 있다. 첫째, 재현화는 그림을 그리는 주체와 객체의 분리를 전제한다. 왜냐하면 재현 행위 자체가 객체로부터 논리적으로 분리된 주체가 자신으로부터 분리된 객체를 대상으로 삼아 이성적이고 합리적 방식으로 옮기는 행위를 말하기 때문이다. 이것은 심지어 주체가 주체 자신을 재현하려고 할 때도 마찬가지다. 즉 주체는 자기 자신을 떼어놓고 객체화하는 반성 행위를 통해 자신을 객체로 만들어야만 비로소 자기 자신을 재현할 수 있는 것이다. 둘째, 재현화는 객체를 바라볼 때 이성의 우위를 전제한다. 플라톤 이래로 자신으로부터 분리된 객체를 관찰하고 파악하는 주체는 이성적으로 사유하고 합리적으로 재단

하는 주체였다. 감각적 사유를 대표하는 시인들과 싸워 승리한 이성의 화신 플라톤을 보라! 군악대만 빼고 예술가는 다 추방해버릴 것을 주장한 플라톤, 자신이 세운 학교 아카데미아의 출입구에 '기하학을 모르는 자, 들어오지 말라!'라고 적은 플라톤을 보라! 특히 근대 문화를 그 밑바탕에서부터 포맷한 데카르트가 제시하는 주체, 즉 코기토는 플라톤의 이 이성적 주체를 재현적 주체로서 확고하게 정립한다. 근대의 재현적 주체는 객체를 이성적으로 인식하고 합리적으로 재단하는 주체다. 따라서 재현이 올바른 것이 되기 위해서는 주체가 객체를 이성적이고 합리적인 질서에 따라 옮겨놓아야 한다. 실제로 근대의 재현적 진리관이 바로 이런 식이다. 셋째, 재현은 언제나 매개를 개입시킨다. 어떤 목적 아래 객체를 인식하고 판단할 때처럼, 객체가 무엇과 유사한지 그렇지 않은지를 따질 때처럼, 객체가 무슨 일에 비추어 유용한지 그렇지 않은지를 살필 때처럼 주체는 언제나 객체를 날 것 그대로, 그 모습 그대로 보지 않고 어떤 형태로든 객체와의 사이에 매개를 끼워 넣어서 객체를 인식하고 판단한다. 그리고 재현적 주체는 이렇게 인식하고 판단한 객체를 중간에 끼워 넣었던 매개와의 적합 여부를 따져서 분류한다. 이 재현적 분류 작업의 대표적 결과물, 근대의 재현적 본성을 가장 잘 드러내는 결과물이 바로 백과사전이다. 재현의 원리에 따라서 범주 아래 다수를 모으고, 또 그 밑의 범주 아래 다수를 모으고, 또 그 밑의 범주 아래 다수를 모으는 재현의 결정체 백과사전 말이다!

하지만 베이컨이 감각을 구현했다고 할 때의 감각은 결코 재현적 주체가 자신으로부터 분리된 객체를 대상으로 얻는 인식으로서의 경험이 아니다. 베이컨이 구현한 감각은 주체와 객체가 분리된 현실적 경험 이전 차원의 감각, 선경험적 또는 선험적 차원의 감각이다. 그것은 주체와 객체가 분리되지 않은 수준에서의 감각, 선이성적, 선합리적 감각인 것이다. 따라서 들뢰즈는, 그리고 감각을 구현한 베이컨은 재현화를 반대한다. 왜냐하면 그들이 보기에 재현화는 결코 감각을 구현한 그림이 아니며, 따라서 회화의 과업에 전혀 미치지 못한 그림이기 때문이다.

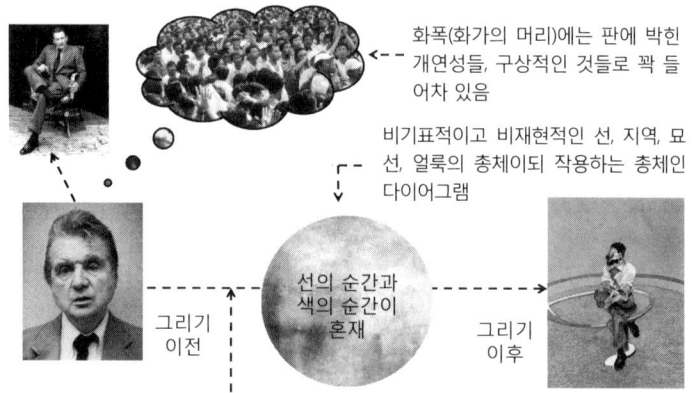

이리하여 감각을 그리는 일은 무엇보다도 재현적 닮음, 구상적 닮음을 벗어나는 일이다. 이처럼 구상적 닮음을 벗어나서 그리기의 최종 결과물인 참된 닮음을 생산하고 감각을 구현하기 위해서는 선험적 차원으로, 선이성적이고 선합리적인 차원으로, 주체와 객체가 분리되지 않은 선인격적 차원으로 내려가야만 한다. 즉 다이어그램으로, 우리가 앞에서 줄곧 사용한 표현에 따르면 감각-줄들의 평면으로 내려가야만 하는 것이다.

그렇다면 우선 감각 그리기의 선행 조건이라고 할 수 있는 재현을 벗어나는 일부터 살펴보자. 들뢰즈에 의하면 화가의 작업은 결코 백색의 빈 화폭에서 출발하지 않는다. 왜냐하면 그림을 그리기 이전부터 화가의 머리는, 따라서 그의 화폭은 이런저런 구상적 이미지들, 판에 박힌 이미지들로 꽉 차 있기 때문이다. 예를 들어 우리가 사랑에 대해서 그린다고 해보자. 이 경우 대다수가 하트를 그린다든지, 포옹하고 있는 남녀를 그린다든지 하는 식으로 판에 박힌 그림을 그리게 될 것이다. 이것은 무엇을 의미하는가? 이것은 우리가 결코 미리 주어진 아무런 이미지 재료도 없이, 선입견으로 작용하는 아무런 이미지 재료도 없이 그림을 그리지 않는다는 것을 의미한다. 결국 화가는 그림을 그릴 때 이미 구상적 이미지들로 꽉 찬 화폭 위에서 작업을 하는 것이다. 하지만 화가는 화폭을 점유하고 있는 구상적 이미지들로부터 벗어나서 궁극적으로 대상과의 재현적 관계, 즉 모델-사본의 관계를 뒤집는 비구상적 닮음을 생산해야 한다.

그런데 이때 문제가 발생한다. 즉 구상적 이미지들, 판에 박힌 이미지들을 벗어나는 일이 거의 불가능한 것이다. 들뢰즈는 말한다 "우리 주위에서, 우리 머릿속에서 온갖 종류의 이미지가 증식하고 있다. 이뿐만이 아니다. 판에 박힌 것들에 대한 반항마저도 판에 박힌 것들을 양산하고 있다. 심지어는 추상화마저도 추상화의 판에 박힌 것들을 생산해내는 일을 멈추지 않았다. [……] 모방하는 이들이 언제나, 심지어는 판에 박힌 것으로부터 벗어난 것에서도 판에 박힌 것을 되살렸기 때문이다. 판에 박힌 것들에 맞선 투쟁은 무시무시한 것이다."(LS 85) "사실 구상적 소여들은 우리가 먼저 생각할 수 있었던 것보다 훨씬 더 복잡하다. […] 구상적 소여들이 어떤 방식으로부터 유래하든 간에, 그것들은 그 자체가 어떤 것이요, 그 자체로서 실존한다. 즉 구상적 소여들은 단지 보는 방식이기만 한 것이 아니다. 우리가 보는 것이 곧 구상적 소여들이요, 또 궁극적으로 우리는 오로지 구상적 소여들만을 본다."(LS 86)

따라서 베이컨은 차라리 포기라는 방식을 택한다. 그가 볼 때 화폭을 선점유하고 있는 구상적 이미지들을 벗어나는 일은, 예를 들어 추상화가들이 하는 것처럼 구상적 소여들을 변형한다거나 해서 될 일이 아니다. 베이컨은 절대로 사진 이미지, 구상적 재현 이미지와 타협하지 않는다. 하지만 베이컨은 바로 이 비타협을 위하여 먼저 구상적 소여들에 맞서 싸울 것을 포기하고 거부하는 길을 택한다. 오로지 이 경우에만 구상적 소여들을 가로질러서 다이어그램으로, 감각-줄들의 평면으로 내려갈 수 있기 때문이다. "그 어떤 순간에도 베이컨은 사진을 창조적 과정에 편입시키지 않았다. […] [사진과 사진의 운동에 대한] 무력한 포기 이후에 베이컨의 모든 태도는 곧 사진에 대한 거부다. 실제로 다름 아닌 베이컨 자신에게 있어서 사진은 화가가 작업을 시작하기도 전에 이미 그림 전체를 점유할 정도로 매력적이었다. 이러한 사실을 볼 때, 사진으로부터 빠져나오는 것, 판에 박힌 것으로부터 벗어나는 것은 판에 박힌 것을 변형시켜서 되는 일이 아니다. 판에 박힌 것을 아무리 변형시켜도 그것은 회화의 행위를 하지 못할 것이다. 그것은 최소한의 회화적 변형도 이루지 못할 것이다. 차라리 판에 박힌 것들에게 자신을 맡기고, 마치 그것들이 선회화적 소여라도 되는 것처럼 그것들을 모두 불러들여서 축적하고 배가시키는 편이 훨씬 더 좋을 것이다. 결국 먼저 '의지를 상실하고자 하는 의지'가 필요한 것이다. 그리고 거부를 통해서 그것으로부터 빠져나올 때, 오로지 이때 작업이 시작될 수 있다."(LS 87~88)

실제로 들뢰즈에 따르면 베이컨은 이러한 맥락에서 두 종류의 우연을 구분한다. 즉 우리 머릿속을 꽉 채우는 구상적 이미지들, 우리가 그림을 그리고자 할 때 우연한 선택의 개연성으로 작용하는 구상적 이미지들이 보여주는 첫 번째 우연과, 다이어그램에서 행해질 자유로운 표시들, 즉 감각-줄들의 평면에서 사건으로 발생할 줄들이 보여주는 두 번째 우연을 구분한다. 이렇게 두 우연을 구분하는 이유는 물론 첫 번째 우연을 가로질러서 두 번째 우연으로 내려가기 위해서다. 화폭에는 동등하면서도 동등하지 않은 개연성들이 존재한다. 화가가 그림을 그릴 때 판에 박힌 것을 그리지 않기 위해서는 이 개연성들을 변형시키는 수준에 머물러서는 안 된다. 차라리 화가는 이 개연성들을 가로질러서 '자유로운 표시들'을 아주 빨리 해야 한다. 즉 다이어그램에서 이루어지는 자유로운 표시들, 전혀 개연성 없이 선택하는 자유로운 표시들, 전혀 개연적이지 않은 우연한 표시들을 머리가 아닌 손을 가지고서 해야만 하는 것이다. 들뢰즈의 다음 글은 정확하게 이런 의미에서다. "따라서 화폭 위에는 동등하며 동등하지 않은 개연성들의 질서가 존재한다. 그리고 동등하지 않은 개연성이 거의 확실하게 되었을 때, 비로소 나는 그리기를 시작할 수 있다. 하지만 바로 이 순간, 내가 그리기를 시작했을 때, 내가 그리는 것이 판에 박힌 것이 되지 않도록 하기 위해서는 어떻게 해야 하는 걸까? 그려진 이미지 속에서 나타나기 시작하는 구상을 파괴하고 형상에게 기회를 주기 위해서는 그려진 이미지의 내부에서 아주 빨리 '자유로운 표시들'을 해야 할 것이다. 이때 형상은 개연적이지 않은 것 그 자체가 된다. 이 자유로운 표시들은 다이어그램적이며 '우연한' 것이다. 하지만 우리는 '우연'이라는 동일한 단어가 더 이상 개연성들을 가리키는 것이 아니라, 개연성이 배제된 선택의 유형 또는 행위의 유형을 가리킨다는 것을 안다. 이 표시들은 비재현적이라고 말해질 수 있다. 그 이유는 정확하게 말해서 우연한 행위에 의존하는 이 표시들은 시각적 이미지와 관계된 것은 전혀 표현하지 않기 때문이다. 이 표시들은 오로지 화가의 손에만 관계할 뿐이다. 하지만 그 결과 이 표시들은 그들 자체로 화가의 손을 통해서 사용되고 또 재사용되기 위해서만 가치를 갖게 된다. 화가는 나타나기 시작하는 판에 박힌 것으로부터 시각적 이미지를 뿌리 채 뽑아내기 위해서, 또 나타나기 시작하는 예시와 서술로부터 화가 자신을 끄집어내기 위해서 이 표시들을 사용할 것이다. 화가는 손에 의한 이 표시들을 시각적 이미지로부터 형상이 솟아오르게 하기 위해서 사용할 것이다. [……] 베이컨에 따르면 우연은 사용 가능성과 분리될 수 없다. 그것은 인식되거나 보인 개연성들과 달리 [손을 통해] 조작된 우연인 것이다."(LS 88~89)

이때 주목해야 할 사실이 있다. 그것은 다이어그램 그 자체도, 또 다이어그램에서 자유로운 표시들을 발생시키는 손의 행위도 결코 회화적이지 않다는 사실이다. 결국 그 자체로는 비-회화적인 우연한 행위로부터 발생하는 자유로운 표시들을 시각적 총체에 주입시키면서 회화적 형상을 창조하는 일이 화가의 과업으로 주어지게 된다. 즉 화가는 자기 고유의 방식으로 이 그리기를 해야 하는 것이다. "[……] 사람들이 베이컨에게 아무나, 예를 들어 가정부가 우연한 표시를 할 수 있느냐 없느냐를 묻는다. 그렇다면 이 경우 복잡한 답변은 다음과 같다. 한편으로 가정부는 이론상 추상적으로는 이 일을 할 수 있다. 왜냐하면 정확하게 말해서 이 일은 회화적이지 않은, 비-회화적 행위이기 때문이다. 하지만 다른 한편으로 그녀는 이 일을 할 수 없다. 왜냐하면 그녀는 이 우연을 사용할 줄도, 조작할 줄도 모를 것이기 때문이다. 우연이 회화적인 것이 되거나 그리는 행위에 편입되는 것은 조작 속에서, 즉 손에 의한 표시들이 시각적인 총체 위에서 일으키는 반응 속에서이다. 그렇기 때문에 대화 상대들의 오해에도 불구하고, 베이컨은 '조작된' 우연 외에 우연이란 없으며, 사용된 우발적 사고 외에 사고란 없다고 완강하게 상기시키는 것이다."(LS 90)

따라서 화가의 그리기는 화폭 속에 들어가는 일이 아니다. 왜냐하면 화가는 그리기 이전부터 이미 화폭 속에 들어가 있기 때문이다. 오히려 화가의 그리기는 구상적 이미지, 판에 박힌 개연성들로부터 나오는 일, 즉 화폭으로부터 나오는 일이다. 그리고 이때 화폭으로부터 나올 수 있도록 화가에게 기회를 제공하는 것은 자유로운 손에 의한 표시들이다. 물론 자유로운 손에 의한 표시들은 때로는 그리기에 도달하지만 때로는 도달하지 못한다. 하지만 화가에게 있어서는 오직 자유로운 손에 의한 표시들이 구상적 이미지들로부터 빠져나와 시각적 총체에 주입됨으로써 회화적 형상을 구성하는 그리기의 기회 말고 다른 기회란 있을 수 없다. 그리고 화가는 이처럼 자유로운 손에 의한 표시들을 통해 그리기에 도달할 때 마침내 참된 닮음을 생산한다. 즉 구상적 닮음이 아닌 진정한 닮음, 실재에 대한 진정한 의미의 구상이요 재현인 형상을 창조하게 되는 것이다. 들뢰즈의 다음 글은 화가의 이 같은 그리기를 잘 보여주고 있다. "선회화적인, 첫 번째 구상적인 것이 있다. 이것은 판에 박힌 것들과 개연성들로서, 화가가 시작하기 이전에, 그림 위에, 화가의 머릿속에, 화가가 하려고 하는 것 속에 있다. 그리고 이 첫 번째 구상적인 것을 사람들은 완전하게 제거할 수 없다. 언제나 사람들은 이 첫 번째 구상적인 것의 무언가를 간직한다. 하지만 두 번째 구상적인 것이 있다. 이것은 화가가 획득한 것으로서, 이번에는 형상의 결과로서, 회화적 행위의 효과로서 획득한 것이다. 실제로 형상의 순수 현존은 곧 재현의 회복이요 구상의 재창조에 해당한다('이것은 앉아 있는 사람, 외치는 교황, 또는 웃는 교황이다……'). 로렌스가 말했듯이 첫 번째 구상과 사진에 가해졌던 비난은 그것들이 너무 '충실'해서가 아니라 충분히 충실하지 않았기 때문이다. 그리고 이 두 구상, 즉 어떤 일이 있어도 간직되는 구상과 재발견된 구상, 잘못 충실한 것과 진정으로 충실한 것은 결코 동일한 본성을 갖지 않는다. 이 둘 사이에서 형상의 그 자리에서의 도약이, 형상의 그 자리에서의 변형이, 형상의 그 자리에서의 솟아남이, 회화적 행위가 일어났다. 화가가 하려고 하는 것과 화가가 하는 것 사이에, 필연적으로, 어떻게가, 즉 '어떻게 할까'가 있었다. 개연적인 시각적 총체(첫 번째 구상)가 자유로운 손에 의한 묘선들에 의해 분해되고 변형되었다. 그리고 이 손에 의한 묘선들은 개연적인 시각적 총체 속에 다시 주입되어 개연적이지 않은 시각적 형상(두 번째 구상)을 만들 것이다. 그리기 행위, 그것은 자유로운 손에 의한 묘선들, 이 묘선들의 반응, 이 묘선들의 시각적 총체 속으로의 재주입이 이루는 합치를 말한다. 이 묘선들을 통과함으로써 재발견되고 재창조된 구상은 출발할 때의 구상과 닮지 않는다. 이로부터 베이컨의 항구적인 공식이 나온다. 닮도록 만들어라. 하지만 우발적인 방법, 닮지 않은 방법을 통해 그리 만

들어라."(*LS* 91~92)

따라서 베이컨과 들뢰즈는 그리기를 다음과 같이 정의한다. "결과적으로 그리기 행위는 언제나 이-전avant-coup[선회화적 개연성들의 총체]과 이-후après-coup[자유로운 손에 의한 표시들이 개연성의 총체 속에 주입되어서 시각적 형상을 만듦] 사이에서 들쭉날쭉 어긋나며 끊임없이 요동친다. 즉 그리기의 히스테리가 발생하는 것이다……. 회화가 시작하기 이전에 이미 모든 것이 화폭 위에 있다. 화가 자신마저도 화폭 위에 있다. 그 결과로 화가의 작업은 어긋나게 된다. 그의 작업은 오로지 나중에만, 이-후에만, 즉 손에 의한 작업 다음에만 올 수 있다. 그리고 이 손에 의한 작업으로부터 형상이 시야로 솟아오르게 될 것이다……."(*LS* 92)

결국 베이컨과 들뢰즈에 따르면 감각을 그리려면 다이어그램을 반드시 거쳐야만 한다. 왜냐하면 그리기 행위란 개연적인 시각적 이미지들로부터 다이어그램으로 내려가서 자유로운 손에 의한 표시들을 발생시키고, 이 자유로운 표시들을 개연적인 시각적 총체 속에 다시 주입시켜서 개연적이지 않은 시각적 형상, 참된 닮음인 형상을 창조하는 행위이기 때문이다. 하지만 우리는 베이컨의 방식과 다른 많은 그리기 방식이 있음을 안다. 들뢰즈가 보기에 설령 그 방식들이 전혀 참된 그리기에 도달하지 못한다고 할지라도 말이다. 들뢰즈는 베이컨의 그리기 방식까지 포함한 많은 그리기 방식을, 그리기가 반드시 거쳐야만 하는 다이어그램에 대한 입장 차이에 따라서 다음과 같이 세 가지로 분류한다. 그것은 추상화의 방식, 추상표현주의의 방식, 베이컨의 형상화의 방식이다. 이 세 방식의 특징을 미리 간단하게 말하면, 첫째, 추상화는 기본 코드를 이용해서 다이어그램의 혼돈을 최대한으로 축소시킨 그림을 그린다. 따라서 추상화는 코드화 또는 디지털적 회화라고 말할 수 있다. 둘째, 추상표현주의는 추상화와 반대로 다이어그램의 혼돈을 최대한으로 유지한다. 즉 그림 전체가 다이어그램이 되도록 하는 것이다. 마지막으로 베이컨의 형상화는 다이어그램의 혼돈을 베이컨 고유의 방식으로 극복한 참된 재현, 즉 형상을 창조한다.

그렇다면 묻자. 그리기가 꼭 거쳐 지나가야만 하는 다이어그램이란 무엇인가? 그것은 사건-줄들의 평면, 감각-줄들의 평면, 주체와 객체가 분간이 안 되는 선인격적 또는 비인격적 주체의 활동 무대(지금 여기에서는 특히 그리기 무대)다. 따라서 그것은 이성적이고 합리적인 인격적 주체가 볼 때 탈주의 평면이요 혼돈의 평면이자 그 자체가 대재난의 평면이다. "이것은 마치 갑자기 머릿속에 사하라사막을, 사하라사막의 한 지역을 들여오는 것과 같다. 이것은 마치 머릿속에 현미경으로 본 코뿔소의 피부를 펼치는 것과 같다. [······] 이것은 마치 측정의 단위를 바꾸어서 구상적 단위를 현미경적 단위 또는 반대로 우주적 단위로 대체하는 것과 같다. 사하라사막, 코뿔소의 피부, 이런 것이 갑자기 펼쳐진 다이어그램이다. 이것은 개연적이고 구상적인 소여들 속에서 화폭 위에 엄습한 일종의 대재난과 같은 것이다."(LS 93~94) 바로 이 대재난의 평면에서 손이 움직인다. 머리가 배제된, 전혀 두뇌를 쓰지 않은 손, 주체와 객체가 분화되기 이전의 기관 없는 신체의 손, 비인격적인 손이 움직이는 것이다. 이 손이 쓸고 문지르고 뿌릴 때 비로소 구상의 시각적 세계 속에 새로운 세계가 들어선다. 혼돈의 세계, 대재난의 세계 말이다. "이것은 또 다른 세계의 솟아남과 같다. 실제로 이 표시들, 묘선들은 비합리적, 비의지적, 우발적인 것들, 자유로우며 우연한 것들이다. 이것들은 비재현적, 비예시적, 비서술적이다. 하지만 이것들은 또한 의미를 전달하는 것들도, 기표들도 아니다. 즉 이것들은 비기표적인 묘선들이다. 이것들은 감각의 묘선들, 그렇지만 혼잡한 감각들(세잔이 말한 것처럼 사람들이 태어날 때부터 지니는 혼잡한 감각들)의 묘선들이다. 그리고 특히 이것들은 손에 의한 묘선들이다. 바로 이 묘선들에서 화가는 헝겊, 비, 솔 또는 스펀지를 가지고 작업을 하며, 또 바로 이 묘선들에서 화가는 손으로 물감을 뿌리는 것이다. 이런 식의 작업은 마치 우리의 의지와 시각에 더 이상 의존하지 않는 표시들을 그리면서 손이 우리로부터 독립을 쟁취하고, 다른 힘을 섬기러 옮겨 가는 것과도 같다. 따라서 거의 맹목적인 손에 의한 이 표시들은 구상의 시각적 세계 속에 또 다른 세계가 난입했다는 것을 증언한다. 손에 의한 이 표시들은, 벌써부터 그림 위에 군림하고 있으면서 그림을 미리 구상적으로 만들어버린 시각적 조직으로부터 그림을 벗어나도록 한다. 화가의 손이 스스로 종속으로부터 벗어나기 위하여, 오만한 시각적 조직을 부서뜨리기 위하여 개입된 것이다. 마치 대재난, 혼돈에 빠진 것처럼 우리는 이제 더 이상 아무것도 보지 못한다."(LS 94~95)

하지만 대재난과 혼돈이 화가가 다이어그램을 통해 도달하려는 최종 목적은 아니다. 화가는 다이어그램으로부터 형상을 창조해내야만 한다. 형상, 즉 사실 말이다. 이로부터 화가가 생각하는 다이어그램의 기능이 무엇인지가 분명해진다. 즉 다이어그램은 사실의 발생 토양으로, 다시 말해 사실이 발생할 수 있도록 가능성의 장으로 기능하는 것이다. "다이어그램은 따라서 비기표적이고 비재현적인 선들, 지역들, 묘선들, 얼룩들의 총체, 그렇지만 작용하는 총체를 말한다. 그리고 다이어그램의 작용, 다이어그램의 기능을 베이컨은 '암시하기'라고 말한다. 또는 보다 엄격하게 말해서 그것은 '사실의 가능성들'을 들여오는 것, 말하자면 비트겐슈타인의 언어와 가까운 그런 언어를 들여오는 것이다. 묘선들과 얼룩들은 우리에게 형상을 제공하기 위한 것인 만큼 더욱더 구상과 단절해야만 한다. 그것들이 그것들 자체로 충분하지 않고 [구상과의 단절을 위해, 그리하여 형상을 제공하기 위해] '사용되어야' 하는 이유가 바로 이것이다. 그것들은 사실의 가능성들을 그리지만 아직 사실(회화적 사실)을 구성하지는 않는다. 사실로 변화하기 위해, 형상으로 진화하기 위해 그것들은 시각적인 총체 속으로 다시 주입되어야 한다. [……] 시각적인 총체는 더 이상 구상적이지 않을 어떤 대상을 제공함과 동시에 또 다른 능력을 우리 눈에 제공하게 될 것이다."(LS 95)

이렇게 볼 때, 그리기 행위는 다이어그램과 불가분의 관계에 있다. 하지만 화가에 따라서 다이어그램으로부터 목표하는 것, 다이어그램의 기능으로 여기는 것이 완전히 다를 수 있다. 예를 들어 추상화가 몬드리안의 그림과 베이컨의 그림을 놓고 봤을 때, 양자가 다이어그램에 대하여 동일한 생각을 가질 수 있으리라고 기대하는 것 자체가 터무니없는 일 아니겠는가! 들뢰즈는 다이어그램을 어떻게 고려하느냐에 따라서, 즉 다이어그램과 관련된 질서와 혼돈에 대한 평가의 차이, 다이어그램으로 비롯될 회화 질서에 대한 평가의 차이에 따라서 그리기의 방식이 확연히 다른 세 개의 길을 제시한다.

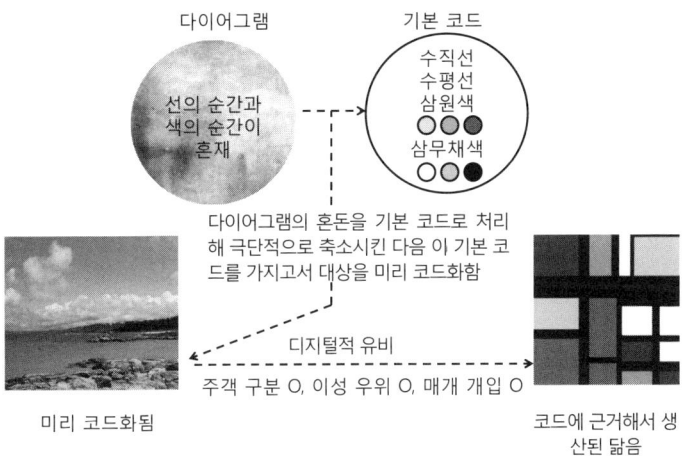

첫 번째 길은 추상화의 길이다. 추상화는 다이어그램을 기본적인 코드로 대체함으로써 다이어그램이 야기하는 혼돈을 최소화할 것을 겨냥한다. 디지털에서의 디짓digit은 헤아리는 손가락을 말한다. 한번 수를 가지고서 생각을 해보자. 우리는 수를 이용하여, 정확하게 말하면 10진법의 수를 이용하여 셈을 한다. 예를 들어 7명의 아이에게 하나씩 줄 사과를 사려는 아버지는 사과 7개 주세요, 라고 말한다. 하지만 아주 오랜 옛적 10진법은 말할 것도 없고 수에 대한 개념 자체가 없었을 때의 아버지를 생각해보자. 이번에는 7명의 아이에게 각각 토끼 한 마리씩을 잡아다 주려고 한다. 이 경우 우리라면 아무 문제 없이 토끼 7마리를 머릿속에 넣어둘 것이다. 하지만 이 원시인 아버지에게는 수 자체가 없다. 따라서 그가 선택할 수 있는 가장 쉬운 방법은 일대일 대응이다. 7명의 아이를 모두 데리고 사냥을 나가서 토끼를 잡는 족족 아이들에게 한 마리씩 넘겨주는 것이다. 그러나 문제가 있다. 막내를 비롯해 밑에서 세 번째까지의 아이들은 너무 어려서 사냥을 함께 갈 수 없다. 그렇다면 남는 방법은? 매개를 통한 일대일 대응이다. 즉 돌멩이들을 주워다가 아이들에게 하나씩 대응시킨 다음 그 돌멩이를 다시 들고 사냥터로 가는 것이다. 그런데 지금처럼 옷에 주머니가 달린 것도 아니고, 한 손에 돌멩이들을 들고 다른 한 손으로 사냥을 하자니 여간 불편한 것이 아니다. 따라서 똑똑한 원시인 아버지는 한 번 더 머리를 쓴다. 즉 이제는 돌멩이 대신 손가락을 쓰는 것이다. 아이들을 한 명씩 손가락 하나하나에 대응시키면서 말이다. 비로소 헤아리는 손가락 디짓이 등장한다. 이 헤아리는 손가락은 모든 것을 다 헤아릴 수 있다. 토끼뿐 아니라 이 세상의 모든 것을 다 헤아린다. 마치 컴퓨터의 디짓인 0과 1이 모든 것을 다 소화해내는 것처럼 말이다. 오디오와 비디오는 우리가 보기에 질적으로 다르지만, 컴퓨터의 입장에서 보면 오디오와 비디오의 차이는 질적 차이가 아니라 단지 포맷의 차이에 불과하다. 즉 오디오와 비디오 모두 0과 1로 대체가 가능한 것이다. 이처럼 헤아리는 손가락 디짓의 힘은 막강하다. 바로 이런 디짓을 가지고서 다이어그램을 대체하고 재단하려는 것, 이것이 바로 추상화다. 예를 들어 몬드리안에게는 헤아리는 손가락 디짓의 역할을 할 기본적인 코드가 있다. 그것은 수직선과 수평선, 삼원색, 삼무채색이다. 마치 컴퓨터의 디짓 0과 1이 오디오와 비디오를 대체하는 것처럼 몬드리안은 이 기본 코드를 가지고서 다이어그램의 혼돈을 대체하고 그리고자 하는 대상을 대체해버린다. 즉 다이어그램을 대체한 기본 코드와 정해진 규칙을 가지고서 대상을 대체한 다음 이 대체의 결과물을 조합해서 작품을 완성하는 것이다. 들뢰즈의 다음 글은 이런 의미에서다. "추상은 심연 또는 혼돈을, 또한 손에 의한 것을 최소한으로 축소시켜버리는 길이다. 추상은 우리에게 고행을, 정신적 구원을 제안한다. 강도 높은 정신적 노력을 통해서 추상은 구상적인 소여들 위에서 [그것들을 떨치고] 일어선다. 하지만 또한 추상은 추상적이고 기표적인 형태들을 발견하기 위해서 혼돈을 우리가 건너야 할 단순한 개울로 만들어버린다. [……] 즉 추상화가 다이어그램을 코드로 대체하는 것이다. 이 코드는 '디지털적[손가락적]'이다. 손에 의한 것이라는 의미에서가 아니라 셈을 하는 손가락이라는 의미에서 말이다. 실제로 '디짓[손가락, 숫자]'은 대립하는 항들을 시각적으로 재규합하는 단위이다. 예를 들어 칸딘스키에 따르면, 수직적인-하얀-활동성, 수평적인-검은-무력함 등의 재규합이 이런 식이다. 이로부터 우연-선택에 대립하는 이원적인 선택 개념이 유래한다. 추상화는 고유하게 회화적인 이런 식의 순수 코드를 공들여 만드는 일을 아주 멀리까지 밀고 나갔다. [……] 무엇이 '심연'으로부터, 즉 외부의 소란으로부터, 손에 의한 혼돈으로부터 인간을 구원할 수 있는가, 라는 오늘날의 회화의 물음에 답변할 책임을 코드가 지고 있다. [그 답변은] 손이 배제된 미래의 인간에게 정신적인 어떤 상태를 열어주는 일이다."(LS 96~97)

따라서 추상화가 생산한 닮음은 코드에 기초한 닮음이다. 이때 예를 들어 대상인 풍경과 생산된 그림은 질적으로 다르다. 왜냐하면 생산된 그림은 풍경을 기본 코드로 대체시켜서 생산된 결과물, 즉 코드화된 결과물이기 때문이다. 하지만 대상인 풍경과 생산된 그림은 내적으로 볼 때 같은 형태를 갖는다. 왜냐하면 풍경을 코드로 대체할 때 무차별적으로 대체하는 것이 아니라 사전에 결정된 엄격한 대체 논리에 맞추어서 코드로 대체하기 때문이다. 이런 이유로 동일한 화가가 그릴 경우 동일한 풍경은 언제나 동일한 추상화로 태어날 것이다. 추상화가 디지털적 유비에 근거해서 생산한 닮음, 그것은 이처럼 질적으로는 다르되 내적으로는 같은 형태를 갖는 닮음, 즉 이질 동형의 관계적 닮음이다.

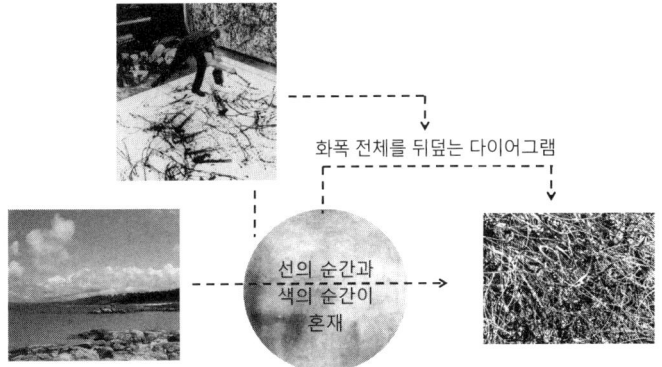

추상표현주의는 구상적 닮음은 벗어나지만 닮음이 전혀 없는 엉망진창을 생산한다

주객 구분 X, 이성 우위 X, 매개 개입 X

　　두 번째 길은 추상표현주의의 길이다. 추상표현주의를 가리켜 비정형적informel 예술이라고 부르는 것에서 알 수 있듯이 추상표현주의는 최대의 혼돈을 겨냥한다. 즉 그림 전체가 곧 다이어그램이 되길 원한다. 흔히 액션페인팅이라고 부르는 추상표현주의 화가의 그리기 방식이 이 점을 잘 보여준다. 추상표현주의 화가는 이젤을 필요로 하지 않는다. 그는 벽에 화폭을 걸거나 바닥에 화폭을 깐 상태에서 말 그대로 자유로운 손으로, 비인격적인 신체로 그림을 그린다. 이때 선과 색은 당연히 물질을, 모든 형태를 해체시켜 버린다. 이렇게 해서 화폭 전체를 오로지 손의 능력만으로 뒤덮는 일, 또는 다이어그램의 혼돈만으로 화폭 전체를 채우는 일, 이것

이 바로 추상표현주의가 겨냥하는 것이다. 두 번째 길로 추상표현주의를 꼽으면서 들뢰즈는 다음과 같이 적는다. "우리가 종종 추상표현주의 또는 비정형적 예술이라고 불렀던 두 번째 길은 정반대 쪽에서 완전히 다른 답변을 제안한다. 이번에는 심연 또는 혼돈이 최대한으로 전개된다. […] 즉 그림 전체가 다이어그램인 것이다. 시각적 기하학이 손에 의한, 오로지 손에 의한 선을 위하여 붕괴된다. 눈은 따라가기가 벅차다. 실제로 이러한 회화의 탁월한 발견은 선(그리고 색-얼룩)의 발견이다. 이 선은 윤곽을 그리지 않는다. 이 선은 안으로든 밖으로든, 오목하게든 볼록하게든 그 어떤 것도 한계 짓지 않는다. 예를 들어 폴록의 선, 모리스 루이의 얼룩이 그렇다. […] 이러한 관점에서 볼 때, 추상은 구상적이었다는 사실을 이해하게 된다. 왜냐하면 추상화의 선은 여전히 어떤 윤곽을 한계 짓고 있기 때문이다. […] 폴록과 더불어 선-묘선, 색-얼룩은 그들의 기능의 끝까지 나아간다. 물론 그들의 기능은 더 이상 형태의 변형이 아니다. 그들의 기능은 우리에게 물질의 밑구도와 물질의 세립화細粒化를 넘겨주는 물질의 해체다. 따라서 회화가 대재난-회화가 되는 것과 다이어그램-회화가 되는 것은 동시에 일어나는 일이다. 이 경우 현대인이 리듬을 발견하는 것은 대재난과 가장 가까운 곳에서, 대재난과의 절대적 인접성 속에서다. 여기에서 우리는 회화의 '현대적' 기능에 관한 물음의 답변이 추상의 그것과 얼마나 다른지 보게 된다. 이번에는 무한을 부여하는 것이 더 이상 내적 비전이 아니다. 그것은 그림의 한쪽 끝에서 다른 쪽 끝까지 이르는 '전면적인all-over' 손에 의한 능력의 확장이다."(LS 98~99)

이렇게 본다면 추상화, 추상표현주의 모두가 고전적 재현화의 구상을 벗어난다. 하지만 베이컨은 구상을 벗어남에 있어서 이 양쪽 길 중 그 어떤 길도 택하지 않는다. 먼저 베이컨은 추상화의 길을 거부한다. 왜냐하면 추상화 자체가 철저하게 계산된 코드화라는 점에서 심히 두뇌를 쓴 그림이기 때문이다. 감각을 구현하고 참된 닮음을 생산하기 위해서는 선험적인 비인격적 영역으로 내려가야 하는데, 추상화는 오히려 인격적 영역으로, 그것도 지극히 이성적 질서가 지배하는 합리적 영역으로 올라갈 것을 주장한다. 또한 베이컨은 추상표현주의의 길도 거부한다. 추상표현주의에서는 다이어그램의 전면 지배가 그림을 말 그대로 엉망진창으로 만들기 때문이다. 베이컨과 들뢰즈에게 있어서 그리기란 어떤 형태로든 닮음을 생산하는 행위라는 것을 상기하자. 들뢰즈는 이러한 베이컨을 다음과 같이 묘사한다. "사실 중요한 것은 왜 베이컨이 앞의 길들 가운데 하나를 택하지 않았는가이다. [……] 한편으로 베이컨은 비의지적 다이어그램을 정신적인 시각적 코드로 대체하는 일에 매달리는 회화에 (비록 여기에 예술가의 전형적인 태도가 있다고 할지라도) 흥미를 못 느꼈다. 코드는 반드시 두뇌적이며, 따라서 코드는 감각을, 추락의 본질적인 실재성을, 즉 신경 시스템 위에서의 직접적 행위를 결여한다. 칸딘스키는 추상화를 '긴장'에 의거해서 정의했다. 하지만 베이컨에 따르면 추상화에 가장 결여된 것이 긴장이다. 왜냐하면 추상화는 긴장을 시각적인 형태 속에 내화시킴으로써 중화시켜버렸기 때문이다. 그리고 궁극적으로 볼 때 코드는 추상적이어야 한다는 점에서 추상화는 결국 구상적인 것의 단순한 상징적 코드화가 될 위험이 있다. 다른 한편으로 베이컨은 추상표현주의에도, 윤곽이 배제된 선의 능력과 신비에도 마찬가지로 흥미를 못 느꼈다. 왜냐하면 베이컨에 따르면 여기에서는 다이어그램이 그림 전체를 차지하기 때문이며, 또 다이어그램의 창궐이 진정한 '엉망진창'을 만들기 때문이다. 막대기, 솔, 비, 헝겊, 그리고 심지어는 제과용 주사기까지, 액션페인팅의 모든 격렬한 수단은 대재난-회화 속에서 고삐가 풀린다. 이 경우 감각은 잘 드러난다. 하지만 감각은 돌이킬 수 없이 혼란한 상태로 남는다. 베이컨은 다이어그램의 창궐을 막을 절대적 필요성에 대해 말하기를 멈추지 않을 것이다. 또 그는 그림의 한 영역 속에, 그리기 행위의 어떤 순간들에, 다이어그램을 묶어둘 필요성에 대해 말하기를 멈추지 않을 것이다."(LS 101~102)

따라서 우리는 다음과 같이 정리할 수 있을 것이다. 먼저 재현화는 직접적인 닮음을 생산하기 때문에 쉬운 그림을 생산한다. 추상화는 비록 다이어그램을 통과할지라도 대상을 미리 이성적으로 코드화하여 닮음을 생산하기 때문에 그 어떤 혼돈도 없다. 즉 추상화는 평온하다. 추상표현주의는 화폭 전체를 다이어그램의 혼돈으로 뒤덮으려 하기 때문에 말 그대로 엉망진창인 작품을 생산한다. 따라서 그곳에 유비 또는 닮음이란 없다. 하지만 베이컨은 추상화의 길도 아니고 추상표현주의의 길도 아닌 제3의 길을 창조한다. 다이어그램을 코드화하여 혼돈을 축소시키지도 않고, 그렇다고 해서 다이어그램의 혼돈만 증폭하여 닮음을 제거하지도 않는 길, 다이어그램을 아날로그적 방식으로 변조하여 참된 닮음을 생산하는 길을 걷는 것이다. 들뢰즈는 말한다. "따라서 다이어그램은 그림 전체를 갉아먹지 말아야 하고 공간과 시간 속에서 제한된 채 있어야 한다. 다이어그램은 조작되고 통제되어야 한다. 격렬한 수단들은 고삐가 풀리지 말아야 하며 필연적인 대재난은 전체를 휩쓸지 말아야 한다. [……] 그리고 특히 새로운 구상, 즉 형상의 구상은 다이어그램으로부터 빠져나와 감각을 명확하고 엄밀하게 만들어야 한다. 즉 대재난으로부터 빠져나와야 하는 것이다……. [……] 따라서 베이컨이 추구하는 길은 추상화처럼 시각적인 길도 아니고, 액션페인팅처럼 손에 의한 길도 아닌 제3의 길이다."(*LS* 102~103)

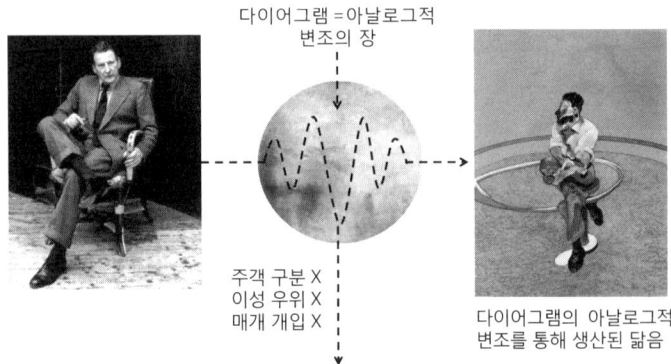

 들뢰즈에게 있어서 그리기는 어쨌든 닮음을 생산해야만 한다. 따라서 들뢰즈는 제3의 길을 걷는 베이컨을 이야기하면서 계속해서 그가 닮음, 즉 유비를 생산한다는 것을 강조한다. 실제로 베이컨이 감각을 구현하는 일에 성공했다는 것은 그가 재현을 벗어난 형상을 창조했다는 것이고, 또 그가 형상을 창조했다는 것은 그가 닮음, 즉 유비를 생산했다는 것이다. 따라서 이제 우리는 다음과 같이 물어야 한다. 베이컨은 과연 어떤 유비를 생산하는가? 구상적 유비도, 디지털적 유비도 아닌, 도대체 어떤 유비를 그는 생산하는 것일까? 우리는 앞에서 베이컨은 다이어그램의 완화된 사용을 위하여 제3의 길을 걷는다고 말했다. 그렇다면 다시 묻자. 다이어그램의 완화된 사용을 위한 베이컨의 제3의 길이 낳는 유비는 과연 어떤 유비인가?

그림을 이루는 가장 기본적인 요소가 선과 색이라는 점에서 화가에게 있어서 다이어그램은 무엇보다도 선의 순간과 색의 순간이 혼재하는 장이다. 이때 다이어그램의 혼돈 속에서 선은 추상적이라는 한계를 가지며, 색은 지속성과 명료함을 결여하는 한계를 갖는다. 따라서 화가가 사실의 가능성의 장인 다이어그램으로부터 사실을 창조해내기 위해서는 추상적인 선을 구체적인 선으로 만드는 일과 색에 지속성과 명료함을 부여하는 일을 동시에 해야만 한다. 화가가 어떤 방식을 동원하든, 다이어그램에서 선이 구체적으로 되고 색이 지속적 명료함을 갖게 될 때 비로소 사실, 즉 형상이 창조되는 것이다.

그렇다면 베이컨은 다이어그램에서 선을 구체적으로 만들고 색에 지속적 명료함을 부여하는 이 작업을 어떻게 성취하는 것일까? 이 물음에 들뢰즈는 다음과 같이 답변한다. 베이컨은 아날로그적 방식으로 이 일을 성취한다고. 또는 베이컨이 다이어그램에 대한 아날로그적 사용법을 발명했다고. 여기에서 아날로그적 방식이란 구체적으로 다음과 같은 방식을 뜻한다. 대상 A의 닮음을 생산하고자 할 때, 대상 A와 전혀 닮지 않은 수단, 대상 A와 공통점이라고는 전혀 없는 수단을 통해 느닷없이 닮음이 솟아오르게 하는 방식, 이것이 곧 아날로그적 방식이다. 당연히 이런 방식으로 생산된 닮음은 대상 A에 대한 관계상의 직접적 닮음인 구상적 닮음도 아니고 대상 A에 대한 코드를 통한 내적인 닮음인 디지털적 닮음도 아니다. 아날로그적 닮음 또는 아날로그적 유비라 할 수 있는 이 닮음은 대상 A에 대한 관계상의 직접적 닮음도 아니고 코드를 통한 내적 닮음도 아니라는 점에서 비재현적이지만, 선험적 차원 또는 선인격의 감각적 차원에서 발생하는 닮음이라는 점에서 감각적인 그런 닮음이다. 들뢰즈는 이 점을 다음과 같이 설명한다. "[……] 닮음이 어떤 관계를 재생산하도록 되어 있다고 할 때, 닮음이 이 관계와 완전히 다른 관계의 결과로서 느닷없이 나타날 경우 사람들은 이 닮음을 생산된 것이라고 말한다. 그러니까 닮음이 전혀 닮지 않은 수단의 느닷없는 생산물로서 솟아오른 것이다. 사실 이 닮음은 이미 코드의 유비 가운데 하나로서, 이때 코드는 자기 고유의 내적 요소들을 따라 어떤 닮음을 복구하였다. 하지만 이 경우, 그것은 단지 재생산해야 할 관계 자체가 이미 코드화되어 있었기 때문이다. 반면에 지금은 모든 코드가 부재한 채, 재생산해야 할 관계가 자신과 완전히 다른 관계에 의해 직접적으로 생산된다. 즉 닮지 않은 수단을 통해서 닮도록 하는 것이다. 이 마지막 유형의 유비에서는 감각적인 닮음이 생산된다. 하지만 이 감각적인 닮음은 상징적으로, 다시 말해 코드라는 우회로를 거쳐서 생산된 것이 아니라 '육감적으로' 감각에 의해 생산된 것이다. 최초의 닮음도 없고 선행적 코드도 없는 이 뛰어난 마지막 유형을 위해 우리는 구상적이지도 않고 코드화되지도 않은 미학적 유비Analogie esthétique라는 이름을 예비해두어야 한다."(LS 108~109)

들뢰즈는 이 아날로그적 방식을 구체적으로 설명하기 위해 변조라는 개념을 제시한다. 이질적인 것들을 디지털적 코드를 통해 끊임없이, 즉 디지털적 불연속 없이 말 그대로 연속적으로 무한하게 결합한 다음 이 결합으로부터 원래의 대상과 완전히 다른 새로운 것을 창조해내는 변조 말이다! 들뢰즈는 이 변조 개념을 디지털적 신시사이저와 아날로그적 신시사이저의 비교를 통해 보다 구체적으로 설명한다. "아날로그적 신시사이저는 '변조되어modulaire' 있다. 아날로그적 신시사이저는 이질적인 요소들을 즉각적으로 연결하고, 문자 그대로 무한한 결합 가능성을 이 이질적인 요소들 사이로, 현존하는 장 속으로, 또는 유한한 평면 위로 들여온다. 이 현존하는 장 또는 유한한 평면에서는 모든 순간이 현실적이고 감각적이다."(LS 109) 하지만 디지털적 신시사이저는 다르다. 디짓이라는 말이 모든 것을 대체할 수 있는 헤아리는 손가락임을 다시 한번 상기하자. 따라서 디지털적 신시사이저에는 모든 것을 대체한 기본 코드들, 그리고 이 기본 코드들을 불연속적으로 더한 통합이 있다. 즉 이 불연속적 통합을 통해 새로움을 낳는 것이다. "반면에 디지털적 신시사이저는 '통합되어intégré' 있다. 디지털적 신시사이저의 작용은 데이터의 코드화, 동질화, 이원화를 거친다. 데이터는 명백히 구분된, 이론적으로 무한한 평면 위에서 만들어지는데, 이때 감각적인 것은 데이터를 오로지 번역-전환을 거친 결과로서만 생기게 할 것이다."(LS 109) 이렇게 볼 때, 베이컨에게 있어서 다이어그램이란 결국 아날로그적 변조의 장을 말한다. 비구상적인 감각적 닮음, 참된 닮음인 아날로그적 닮음을 창조해낼 수 있는 변조의 장말이다. 따라서 들뢰즈의 결론은 분명하다. "요컨대 우리로 하여금 아날로그 언어의 또는 다이어그램의 본성을 이해하도록 하는 데 적합한 것은 아마도 (유사성의 개념이 아니라) 변조 일반의 개념일 것이다."(LS 110)

회화는 결국 아날로그 예술이고, 회화가 생산하는 닮음은 아날로그적 닮음이며, 회화는 변조의 방식을 통해 아날로그적 닮음을 생산한다. 그리고 회화가 변조를 통해 아날로그적 닮음을 생산한다고 할 때, 변조의 장은 특별히 다이어그램을 말한다. 우리가 앞에서 제기한 원래의 물음은 이것이었다. 베이컨은 다이어그램에서 선을 구체적으로 만들고 색에 지속적 명료함을 부여하는 작업을 어떻게 성취하는 걸까? 이 물음에 대한 답변은 베이컨은 아날로그적 방식을 통해 이 작업을 성취한다는 것이었다. 그렇다면 아날로그적 방식이란 무엇인가? 그것은 방금 보았듯이 변조를 의미한다. 우리의 물음은 계속된다. 그렇다면 베이컨에게 있어서 변조란 무엇일까? 베이컨이 다이어그램에서 변조를 한다고 할 때 그는 구체적으로 어떤 행위를 하는 걸까? 이처럼 기나긴 물음의 연쇄 끝에 도달하게 되는 최종적 답변, 그것은 채색주의다. 즉 베이컨이 변조를 통해 아날로그적 닮음을 생산한다고 할 때, 이 변조는 구체적으로 채색주의에 근거한 변조다. 요컨대 베이컨에게 있어서는 아날로그적 닮음의 생산 체계가 채색주의인 것이다.

치밀하고 꼼꼼한 들뢰즈는 베이컨의 채색주의를 직접 건드리지 않는다. 삼면화를 거론할 때 우회했던 것처럼 여기에서도 들뢰즈는 베이컨의 채색주의에 들어가는 출입구 역할을 할 화가를 먼저 다룬다. 그는 세잔, 채색주의에 있어서 베이컨의 선배인 세잔이다. 들뢰즈에 따르면 세잔 또한 아날로그 언어의 구성을 위해 다이어그램을 사용하는 중도의 길을 발명했다. 즉 그 또한 베이컨과 마찬가지로, 아니 보다 정확하게 말하면 베이컨보다 앞서서 아날로그적 닮음의 길을 열었던 것이다. 널리 알려진 세잔의 그리기 방식은 크게 보아 다음의 세 가지다. 첫째, 세잔은 원근법을 무시한다. 즉 지각과 지각 현상에 충실하기 위해 원근법을 파괴해버린다. 둘째, 세잔은 윤곽선을 거부한다. 그에게 있어서 윤곽선은 지각 현상에 속하는 것이 아니라 기하학에 속하는 관념적 경계일 뿐이다. 따라서 세잔은 색의 변조를 통해 대상을 왜곡시키는 효과를 가지고서 윤곽선을 대체한다. 셋째, 세잔은 데생을 거부한다. 그에게 세계는 빈틈이 전혀 없는 색 덩어리요 색의 유기체다. 따라서 세계를 깊이 있게 그리려면 당연히 색으로부터 데생이 나와야지 데생 이후에 색이 주어져서는 안 된다.

들뢰즈는 세잔의 이 세 가지 그리기 방식을 자신의 언어로 새롭게 해석한다. 구상적 좌표를 파괴하는 아날로그 언어의 다음과 같은 세 차원으로 말이다. 그것은 첫째, 원근법을 대체하는 평면의 결합, 둘째, 명암과 가치 관계를 제거하는 색의 변조, 셋째, 유기체를 넘어 배경-형태의 관계를 폐지하는 신체 덩어리다. 요컨대 세잔이 걸었던 아날로그적 닮음의 길은 다이어그램에서 이루어지는, 구상으로부터의 삼중 해방, 즉 평면, 색, 신체의 삼중 해방의 길이었던 것이다. 그런데 아날로그 언어의 이 세 차원 중에서 세잔에게 특히 핵심적인 것은 두 번째 차원, 즉 색의 변조다. 왜냐하면 색의 변조가 나머지 두 차원을 모두 가능케 하는 동력을 가지고 있기 때문이다. 우선 색의 변조는 확장과 수축이라는 이중의 운동을 정의한다. 그러면 평면의 결합(첫 번째 차원)과 신체 덩어리(세 번째 차원)가 바로 이 확장의 운동과 수축의 운동 속에서 이루어진다. 즉 확장의 운동 속에서는 수직과 수평의 평면이 연결되고, 수축의 운동 속에서는 모든 것이 신체의 덩어리로 되돌려지는 것이다. 세잔에게는 이처럼 구상으로부터의 삼중 해방 가운데 색의 해방, 즉 색의 변조가 특히 중요하다. 세잔에게서 감각이 구현되도록 하는 체계, 사실의 가능성으로부터 사실로 나아가도록 하는 체계는 결국 색의 변조, 다시 말해 세잔 고유의 채색주의인 것이다. 들뢰즈의 다음 글은 이 점을 지적하고 있다. "이 길은 세잔과 더불어 자신의 모든 독립을 쟁취한다. […] 아날로그 언어로서의 회화는 [구상적 좌표를 파괴하기 위한] 다음의 세 차원을 지닌다. 우선 평면이 있으며 이 평면(무엇보다도 수직의 평면과 수평의 평면)들의 연결 또는 접합이 있다. 이것은 [구상적] 원근법을 대체한다. 다음으로 색이 있으며 색의 변조가 있다. 이것은 [구상적] 가치 관계, 명암, 그림자와 빛의 대비를 제거하는 경향이 있다. 마지막으로 신체가 있으며 신체의 덩어리와 편차偏差가 있다. 이것은 유기체를 넘어서 배경-형태의 [구상적] 관계를 폐지한다. 아날로그 언어로서의 회화에는 이처럼 신체, 평면, 색(실제로 윤곽뿐만 아니라 가치의 대비 또한 색을 [구상적으로] 예속시킨다)의 삼중 해방이 있다. 그런데 정확하게 말하면 이 삼중 해방은 오로지 대재난을 거침으로써만, 즉 다이어그램과 다이어그램의 비의지적 솟구침을 거침으로써만 성취될 수 있다. 이때 신체는 불균형 속에, 지속적 추락의 상태 속에 있고, 평면들은 하나가 다른 하나 위로 떨어지며, 색 또한 그 자체가 혼란 속으로 떨어져서 더 이상 대상을 한계 짓지 않는다. [⋯⋯] 그리고 아마도 색의 변조가 세잔에게 있어서는 핵심적 작용이었을 것이다. 스펙트럼의 질서에 근접한 색조들의 병렬로 [구상적] 가치 관계를 대체함으로써 색의 변조는 확장과 수축이라는 이중의 운동을 정의하게 된다. 이때 확장의 운동 속에서는 우선 수직의 평면과 수평의 평면이 연결되고 더 나아가 깊이 있게 융합된다. 이와 동시에 수축의 운동을 통해서는 모든 것이 불균형점 또는 추락점을 따라서 신체 위로, 신체의 덩어리 위로 되돌려진다. 기하학이 감각적인 것이 되고, 동시에 [착색] 감각이 명료하고 지속적인 것이 되는 것은 이러한 체계 속에서다. 세잔에 따르면 이로써 우리는 감각을 '실현한' 것이다. 또는 베이컨의 공식을 빌려 말하자면 우리는 사실의 가능성으로부터 사실로, 다이어그램으로부터 그림으로 나아간 것이다."(LS 111~112)

세잔의 채색주의라는 출입문을 지나왔으니 이제는 베이컨의 채색주의를 살펴볼 차례다. 들뢰즈에 따르면 양자 사이에 지적할 수 있는 몇몇 차이에도 불구하고 궁극적으로 베이컨은 세잔주의자다. 세잔과 마찬가지로 베이컨 역시 전형적인 채색주의자인 것이다. 그리고 베이컨이 채색주의자인 이유 또한 세잔이 채색주의자인 이유와 아주 유사하다. 우선 세잔이 구상으로부터 삼중 해방을 주장할 때의 해방 대상이 평면, 색, 신체인 것처럼, 베이컨의 그림에도 아플라, 윤곽, 형상이라는 기본적인 세 요소가 있다. 또 세잔에게서 색의 변조가 색의 해방은 물론이고 평면의 해방과 신체의 해방을 모두 가능케 했던 것처럼, 베이컨에게서도 색의 변조가 아래에서 보는 것처럼 그림의 기본적인 세 요소 모두의 실질적인 동력으로 작용한다. 먼저 세잔의 채색주의에서 색의 변조가 윤곽선을 대체한 것과 마찬가지로 베이컨의 채색주의에서도 색의 변조는 윤곽과 대립하지 않으며 오히려 윤곽을 대신한다. 베이컨의 그림에서 색에 의해 변조된 윤곽을 사이에 두고서 아플라

(골격)와 형상(신체)이 서로 근접해 있는 것은 이 때문이다. 또한 세잔의 채색주의에서 색의 변조가 수축 운동과 확장 운동을 정의하는 것과 마찬가지로 베이컨의 채색주의에서도 색의 변조가 윤곽을 교차의 막으로 삼은 이중 운동, 즉 아플라에서 형상으로 가는 수축 운동과 형상에서 아플라로 가는 용해 운동을 정의한다. 이와 같이 세잔의 그림에서 색의 변조가 색의 해방, 평면의 해방, 신체의 해방을 모두 가능케 했던 것처럼, 베이컨에게서도 그림의 세 요소 모두가 색 속에서 자신들의 실질적인 동력을 발견한다. 요컨대 세잔에게서 그런 것과 마찬가지로 베이컨에게 있어서도 아날로그적 닮음을 생산하는 변조 행위가 철저하게 채색주의에 근거하고 있는 것이다. "[베이컨에게서] 윤곽은 심지어 분리된 실존을 취할 수 있으며, 또 골격과 덩어리-신체의 공통된 경계가 될 수 있다. 왜냐하면 베이컨에게서 골격과 덩어리-신체는 더 이상 형태와 배경의 [구상적] 관계 속에 있는 것이 아니라, 색에 의해 변조된 공존 또는 근접성의 관계 속에 있기 때문이다. 그리고 윤곽이라는 막을 가로질러서 이중의 운동이 행해진다. 즉 골격을 향한 판판한 확장의 운동과 신체를 향한 방대한 수축의 운동이 행해진다. 베이컨의 세 요소가 구조 또는 골격, 형상, 윤곽이었던 것은 이 때문이다. 물론 이 세 요소는 색 속에서 자신들의 실질적인 수렴을 발견하게 된다. 아날로그 언어의 주체자인 다이어그램은 코드로서 작용하는 것이 아니라 변조자로서 작용한다. 또 다이어

그램과 다이어그램의 비의지적인 손에 의한 질서가 구상적인 모든 좌표를 부서뜨리는 일에 사용될 것이다. 하지만 바로 그로부터 (다이어그램이 작용할 때) 다이어그램이 골격을 위해 선을 해방시키고 변조를 위해 색을 해방시킴으로써 사실의 가능성들을 정의한다. 따라서 선과 색은 형상 또는 사실을 구성하기에 적합하게 된다. 즉 다이어그램이 작용하고 실현되어야 하는 시각적 총체 속에서 선과 색이 새로운 닮음을 생산하는 일에 적합하게 되는 것이다."(LS 113)

베이컨 그림의 눈의 만지는 기능 창조하기

자신의 존재론의 관점으로 베이컨의 그림에 대한 해석을 끝낸 다음 들뢰즈는 『감각의 논리』의 결론부와 같은 역할을 하는 글을 쓴다. 스케일이 큰 철학자답게 그는 서양의 회화사를 끌고 들어와 화가 베이컨의 위상을 정해준다. 그 결과 베이컨은 고대 이집트 예술의 핵심을 이루다가 그 이후 서양의 회화사에서 부침을 거듭했던 '눈의 만지는 기능fonction haptique de l'œil'을 되살린 현대 화가가 된다. 요컨대 들뢰즈에 따르면 베이컨의 감각 그리기, 즉 다이어그램에서 색의 변조를 통한 형상 창조하기는 또한 눈의 만지는 기능 창조하기이기도 하다는 것이다. (들뢰즈에 따르면 눈은 두 개의 기능을 갖는다. 즉 눈으로 보는 것을 뜻하는 '시각적 기능'과 눈으로 만지는 것을 뜻하는 '촉각적 기능'이 그것이다. 비록 이 두 기능 모두가 눈에 속하는 기능이지만 눈의 촉각적 기능은 눈의 시각적 기능과 동등하면서도 또 그것과 무관하다.)

이러한 주장을 뒷받침하기 위하여 들뢰즈는 눈과 손의 관점에서 서양 회화사를 요약한다. 들뢰즈에 따르면 고대 이집트 예술은 평면의 예술, 선의 예술, 본질의 예술, 기하학의 예술이다. 이집트의 저부조의 예술에서는 전면 근접 시각vue frontale et rapprochée을 요구하는 동일한 평면이 있고, 그 위에서 여러 평면을 분리하고 종합하는 윤곽이 있다. 윤곽은 여기에서 형태를 고립시킨다. 이

때 고립된 형태는 본질을 드러내는 형태, 기하학적으로 상승된 형태다. 바로 이런 이집트의 저부조 예술에서 이루어지는 평평한 평면의 연결, 형태와 평면의 연결이 눈과 손의 연결을 작동시킨다. 즉 눈의 만지는 기능이 작동하기 시작하는 것이다. (여기에서 우리는 당장 이집트 예술과 베이컨의 그림 사이에 많은 공통점이 있음을 알 수 있다. 베이컨 자신이 이미 조각과 회화의 중간쯤에 있는 저부조의 조각을 염두에 두고 그림을 그렸다는 점을 고려한다면 이러한 공통점은 전혀 놀랄 일이 아니다.)

하지만 이집트 예술이 보여주는 평면 연결과 눈의 만지는 기능을 중심으로 한 이 같은 합치를 깨뜨리는 일이 발생한다. 그 시작은 기독교 예술과 그리스 예술이다. 먼저 이집트 예술이 형태를 본질에 예속시키는 예술이라면, 기독교 예술은 본질보다 형태를 우위에 놓는 예술이다. 기독교 이후로 인간은 인간 자신을 본질이 아니라 사건과 같은 것으로 보게 되었기 때문이다. 신인 예수가 인간의 몸을 입고 하늘에서 내려와 인간의 죄를 지고 십자가에서 처형된 후 다시 부활하여 하늘에 올라간 일련의 사건을 생각해보라! 기독교 이후로 서양 회화에는 언제나 이 같은 본질의 추락이 있었고 추락의 위험이 존재했다. 한편 그리스 예술 또한 이집트 예술과 큰 차이를 보인다. 평평한 저부조의 이집트 예술과 달리 그리스 예술은 용적을 살리는 예술, 평면들을 구분하는 예술, 원근법을 들여오고 명암을 주면서 요철을 살리는 예술이다.

그리고 기독교 예술과 그리스 예술이 만나 고전적 재현 예술의 시각적 공간espace optique을 만든다. 한편으로는 기독교 예술의 영향 아래 우발적 형태가 받아들여지고, 다른 한편으로는 그리스 예술의 영향 아래 시각적 조직이 받아들여짐으로써 고전적 재현 예술의 시각적 공간이 완성되는 것이다. 이렇게 완성된 고전적 재현 예술의 시각적 공간은 촉지觸知적 가치를 시각에 완전히 종속시킨 시각-촉지적 공간espace tactile-optique을 서양 회화의 전면에 등장시킨다. 그리고 이 시각-촉지적 공간은 이집트 예술의 합치, 눈으로 만지는 공간을 무너뜨려버린다. 예를 들어 고전적 재현 예술의 시각-촉지적 공간에서는 윤곽이 더 이상 이집트 예술에서와 같은 공통된 경계가 아니다. 윤곽은 이제 우발적인 것이 된 형태의 윤곽, 다시 말해 유기적 윤곽인 것이다. (들뢰즈에 따르면 이런 의미에서 예술은 고전적 재현 예술에서 확인할 수 있는 것처럼 결과적으로 구상적일 수 있는 것이지, 결코 예술 자체가 본래적으로 구상적인 것이 아니다.)

이 같은 서양 회화의 바탕에서 두 방향으로 진화가 이루어졌다. 첫째는 순수한 시각적 공간을 향해 진화해간 비잔틴 예술이고, 둘째는 격렬한 손에 의한 공간을 향해 진화해간 고딕 예술이다. 먼저 비잔틴 예술은 고전적 재현 예술의 시각-촉지적 공간, 자연스러운 유기적 공간이 빛의 놀이터인 순수한 시각적 공간에 자리를 넘겨줌으로써 탄생한다. 비잔틴 예술은 촉지성tactilité이 제거된 예술, 그에 따라 조형적 형태의 완전성이 무너진 예술, 존재들이 빛의 순수한 시각적 공간 속으로 상승하면서 와해되는 예술이다.

반면에 고딕 예술은 손에 의한 공간을 제시한다. 비잔틴 예술이 빛의 순수한 시각적 공간 속에서 작용한다면, 고딕 예술은 손에 의한 능동적 묘선들의 공간 속에서 작용한다. 따라서 고딕 예술은 비잔틴 예술과 완전히 다른 방식으로, 즉 격렬한 손에 의한 공간 속에서 고전적 재현 예술의 시각-촉지적 공간, 유기적인 공간을 해체한다.

하지만 이 같은 순수한 시각적 공간, 격렬한 손에 의한 공간만 있었던 것은 아니다. 눈의 만지는 기능 또한 때때로 머리를 내미는데, 우리는 그 한 예를 채색주의자 세잔에게서 볼 수 있다. 색의 세 속성은 색상(빨강, 파랑, 노랑 등으로 구분되는 색 자체의 특징), 명도(밝고 어두움), 채도(진하고 흐림)다. 들뢰즈는 색의 이 세 속성 가운데 채도를 빼고 색상과 명도를 가지고서 비잔틴 예술의 화법과 세잔의 화법을 설명한다. 그에 따르면 비잔틴 예술은 명도를 중시하는 화법과 색상을 중시하는 화법을 동시에 발명하지만 이 모든 것이 빛의 순수한 시각적 공간에 종속된다. 하지만 세잔은 다르다. 세잔 또한 명암을 통한 기복 체계(빛의 체계)와 색의 순수 변조 체계(채색주의)를 공존시킨다. 하지만 여기에서는 공존하는 이 두 체계가 비잔틴 예술처럼 빛의 순수한 시각적 공간에 봉사하지 않는다. 왜냐하면 세잔에게서는 색의 순수 변조 체계, 즉 채색주의가 눈으로 만지는 공간espace haptique을 부추기기 때문이다. 이 눈으로 만지는 공간에서는 우리가 앞에서 이미 보았듯이 채색주의가 회화의 아날로그 언어를 이루면서 그림을 구상과 추상을 모두 피한 그림, 순수 상태의 회화적 사실을 구현한 그림으로 만들어간다.

방금 우리는 채색주의가 눈으로 만지는 공간을 부추긴다고 했다. 사실 채색주의는 그 자체가 이미 눈으로 만지는 공간, 눈의 만지는 기능과 밀접한 관계가 있다. 세잔에게서 그런 것처럼 고흐와 고갱에게서, 또 베이컨에게서 눈으로 만지는 공간, 눈의 만지는 기능이 공통적으로 이야기될 수 있는 것은 이들 모두가 채색주의자들이기 때문이다. 들뢰즈에 따르면 채색주의자들은 색들이 이루는 가변적인 관계에 모든 것을 의존하는 화가를 말한다. 색들이 관계 속으로 들어간다. 즉 색들이 색상 관계를 이루는 것이다. 그런데 이 색상 관계는 그 관계를 이루는 색들에 따라서 변하는 팽창과 수축의 가변적인 관계이기도 하다. 색들 사이의 이질성과 긴장감이 매번 변하는 팽창과 수축의 두 리듬을 낳기 때문이다. 그리고 이 가변적인 관계에 그림의 모든 것이 의존하게 된다. 예를 들어 세잔에게서 보이는 배경의 동질성과 형태의 특이함, 고흐와 고갱에게서 보이는 아플라의 활기를 띤 단일 톤과 신체에 용적을 주는 혼합 톤, 베이컨에게서 보이는 아플라, 형상, 윤곽 사이의 색의 풍요로운 소통까지 모두가 다 이 가변적인 관계에 의해서 설명이 되는 것이다. 따라서 들뢰즈에 따르면 채색주의자들의 공식이 다음과 같이 요약된다. 색을 색의 순수 내적 관계(색으로 표현된 두 리듬)에 이를 때까지 밀고 가기만 하면 우리는 모든 것(형태, 배경, 빛, 그림자, 밝음과 진함……)을 갖게 되리라. 이것이 바로 채색주의, 즉 색의 순수 변조 체계가 가리키는 의미다. 그리고 이때 색들의 가변적인 관계는 자신의 가변성을 따라가면서, 특히 자기 고유의 팽창과 수축의 두 리듬을 따라가면서 그로부터 보는 눈이 아닌, 만지는 눈을 이끌어낸다. 즉 이집트 예술 이래로 눈이 포기해야 했던, 눈의 촉각적 기능을 눈에게 되돌려주는 것이다.

이처럼 서양의 회화사에서는 이집트 예술에서 현대의 채색주의에 이르기까지 눈과 손이 긴장, 뒤집기, 교환, 대리 등의 관계를 거친다. 눈과 손의 이 역동적 관계를 우리는 다음과 같이 요약할 수 있을 것이다.

1) 이집트 예술 – 눈으로 만지는 공간 – 눈과 손이 동등함

2) 고전적 재현 예술 – 시각 – 촉지적 공간 – 손이 눈에 종속됨

3) 비잔틴 예술 – 순수한 시각적 공간 – 손이 제거되고 눈만 남음

4) 고딕 예술 – 격렬한 손에 의한 공간 – 눈이 제거되고 손만 남음

5) 세잔 – 눈으로 만지는 공간 – 눈과 손이 동등함

그렇다면 베이컨은 어떤가? 세잔의 채색주의와 마찬가지로 베이컨의 채색주의 역시 눈으로 만지는 공간, 눈의 만지는 기능을 창조한다. 그런데 베이컨에게 있어서 채색주의는 가깝게는 다이어그램을 변조하기 위한 것이고, 보다 멀게는 다이어그램의 변조를 통해 형상을 창조하기 위한 것이다. 물론 눈의 만지는 기능이 창조되는 것은 바로 이 형상이 창조될 때이다. 따라서 다음과 같이 흐름을 도식화할 수 있다. '채색주의가 다이어그램을 변조함 → 다이어그램의 변조를 통해 형상이 창조됨과 동시에 눈의 만지는 기능이 창조됨.' 결국 다이어그램은 우리가 베이컨의 형상 창조를 살펴볼 때 논의의 출발점이 되었던 것처럼, 베이컨의 눈의 만지는 기능 창조를 살펴볼 때도 여전히 논의의 출발점이 되어야 한다. 앞에서 서양의 회화사를 이야기했으니 베이컨의 다이어그램을 서양의 회화사적 맥락 속에서 생각해보자. 서양의 회화사적 맥락 속에서 볼 때 베이컨의 다이어그램은 앞에서 매긴 번호를 기준으로 하면 2번과 3번, 즉 고전적 재현 예술의 시각-촉지적 공간과 비잔틴 예술의 순수한 시각적 공간을 망쳐놓고 휘젓는 기능을 한다. 왜냐하면 다이어그램 자체가 말 그대로 화폭 위에 손의 능력을 부과하는 것이라는 점에서 그것은 언제나 시각이 우위를 점하는 공간을 망치고 휘젓도록 운명이 결정되어 있기 때문이다. 베이컨의 다이어그램은 고전적 재현 예술의 시각 - 촉지적 공간, 비잔틴 예술의 순수한 시각적 공간을 밑에서부터 망쳐놓고 휘저으면서 형상을 창조한다. 그리고 이때 세잔에게서 그랬던 것과 마찬가지로 눈으로 만지는 공간, 눈의 만지는 기능이 창조된다. 즉 시각-촉지적 공간 또는 순수한 시각적 공간 속의 구상을 무너뜨리는 다이어그램으로부터 형상이 창조될 때, 또는 사실의 가능성으로부터 사실이 발생할 때, 바로 이 형상의 창조 또는 사실의 발생에 동반되어 눈으로 만지는 공간, 눈의 만지는 기능이 창조되는 것이다.

따라서 눈으로 만지는 공간, 눈의 만지는 기능이 베이컨에게서 어떻게 창조되는지 알기 위해서는 다이어그램의 법칙(구상적 형태에서 출발 → 다이어그램의 개입 → 다이어그램으로부터 형상이 창조됨)을 베이컨의 그림에 실제로 적용해서 그 과정을 구체적으로 살펴볼 필요가 있다.『감각의 논리』에서 들뢰즈는 이런 맥락 아래 다이어그램의 법칙을 베이컨의 그림에 적용한 두 가지 예를 들고 있다. 이 적용 과정을 요약하면 다음과 같다.

1) 첫 번째 예는 우산 아래의 형상을 그린 1946년의 〈회화〉다 (그림 2). 그림에서 화가가 애초에 의도했던 것은 새다. 하지만 다이어그램이 개입하면서 그림은 잠재적인 새로부터 출발해서 결과적으로는 새와 완전히 다른 우산에 도달한다. 따라서 이 그림은 엄격히 말해서 한 형태에서 다른 한 형태로 이동한 경우가 아니다.

2) 두 번째 예는 초상화다(그림 10). 초상화에서 애초에 화가가

추구했던 것은 유기적 닮음이다. 하지만 다이어그램이 개입하면서 초상화는 한 형태에서 다른 한 형태로 이동하지 않는다. 초상화는 형태의 한 끝 부분에서 다른 한 끝 부분으로 나아가는 운동을 보여준다.

결국 다이어그램의 개입과 작용은 한 형태에서 다른 한 형태로 나아가는 이동이 아니다. 왜냐하면 이동이란 부동의 한 형태 A에서 또 다른 부동의 한 형태 B로 변화의 운동이 전혀 없이 단지 시선의 이동만을 통해 옮겨 가는 것을 말하기 때문이다. 다이어그램의 개입과 작용은 구상적 형태 A로부터 출발해서 '색과 선의 독창적이고도 가변적인 관계를' 따라가면서 우발적 형태 B, 즉 아날로그적 닮음을 이루는 형상을 '점진적으로 단숨에' 창조해낸다. 이러한 의미에서 다이어그램은 결코 이동의 장이라고 할 수 없다. 그것은 변조의 장이라고 해야 한다. 그리고 이때 변조의 장으로서 작용하는 다이어그램은 '눈의 촉각적 기능'을 창조하게 된다. 왜냐하면 색과 선의 긴장과 이질성 속에서 색과 선의 독창적이고도 가변적인 관계를 따라가며 형태 A에서 점진적으로 단숨에 형태 B에 도달하는 다이어그램의 점들은 그 자체로 촉각성을 유지하며 근접해가는 시각의 점들, 즉 눈으로 만지면서 근접해가는 점들일 수밖에 없기 때문이다. 이렇게 해서 베이컨은 눈으로 만지는 공간, 눈의 만지는 기능을 창조해 낸다. 말하자면 현대의 이집트 예술인이 되는 것이다.

참고 문헌

들뢰즈의 저서[출간 연도순]

Hume, sa vie, son œuvre, avec un exposé de sa philosophie(avec André Cresson), Paris: PUF, 1952.

Empirisme et subjectivité, Paris: PUF, 1953.

Nietzsche et la philosophie, Paris: PUF, 1962.

La Philosophie critique de Kant, Paris: PUF, 1963.

Proust et les signes, Paris: PUF, 1964(éd. augmentée, 1970).

Nietzsche, Paris: PUF, 1965.

Le Bergsonisme, Paris: PUF, 1966.

Présentation de Sacher-Masoch, Paris: Minuit, 1967.

Différence et répétition, Paris: PUF, 1968.

Spinoza et le problème de l'expression, Paris: Minuit, 1968.

Logique du sens, Paris: Mnuit, 1969.

Spinoza, philosophie pratique, Paris: PUF, 1970(réédition augmentée, Minuit, 1981).

L'Anti-Œdipe(avec Félix Guattari), Paris: Minuit, 1972.

Kafka Pour une littérature mineur(avec Félix Guattari), Paris: Minuit, 1975.

Rhizome(avec Félix Guattari), Paris: Minuit, 1976.

Dialogues(avec Claire Parnet), Paris: Flammarion, 1977.

Superpositions(avec Carmelo Bene), Paris: Minuit, 1979.

Mille Plateaux(avec Félix Guattari), Paris: Minuit, 1980.

Francis Bacon - Logique de la sensation, 2 volumes, Paris: la Différence, 1981.

Cinéma 1 - L'image-mouvement, Paris: Minuit, 1983.

Cinéma 2 - L'image-temps, Paris: Minuit, 1985.

Foucault, Paris: Mnuit, 1986.

Le Pli - Leibniz et le baroque, Paris: Minuit, 1988.

Périclès et Verdi - La philosophie de François Châtelet, Paris: Minuit, 1988.

Pourparlers, Paris: Mnuit, 1990.

Qu'est-ce que la philosophie?(avec Félix Guattari), Paris: Minuit, 1991.

Critique et Clinique, Paris: Minuit, 1993.

들뢰즈의 주요 소논문[출간 연도순]

"Bergson", *Les philosophes célèbres*(éd. par M. Merleau-Ponty), Paris: Editions d'Art Lucien Mazendo, 1956, pp. 292~299.

"La conception de la différence chez Bergson", *Les études bergsoniennes* volume 4, Paris: Albin Michel, 1956, pp. 77~112.

"Nietzsche, sens et valeur", *Arguments*, 1960.

"L'idée de genèse dans l'esthétique de Kant", *Revue d'esthétique*, 1963, pp. 113~136.

"Klossowski et le corps-langage", *Critique*, 1965.

"L'homme, une existence douteuse", *Le nouvel Observateur*, 1-7 juin 1966, pp. 32~34.

"Renverser le platonisme", *Revue de métaphysique et de morale*, octobre-décembre 1966, pp. 426~438.

"La méthode de dramatisation", *Bulletin de la société française de philosophie*, juillet-septembre 1967, pp. 89~118.

"Conclusion. Sur la volonté de puissance et l'éternel retour", *Nietzsche, Cahiers de Royaumont* n° VI, Paris: Minuit, 1967, pp. 275~287.

"Introduction générale à Nietzsche", *Œuvres philosophiques complètes* tome 5: *Le Gai Savoir*, Paris: Gallimard, 1967.

"Spinoza et la méthode générale de M. Guéroult", *Revue de métaphysique et de morale*, octobre-décembre 1969, pp. 426~437.

"A quoi reconnaît-on le structuralisme?", *Histoire de la Philosophie* tome 4(dir. par F. Châtelet), Paris: Hachette, 1973(réédition, Marabout(Belgique), 1979), pp. 293~329.

"Pensée nomade", *Nietzsche aujourd'hui?* tome 1, Paris: Union générale d'éditions, 1973, pp. 159~174.

"Les plages d'immanence", *Mélanges Gandillac: L'art des confins*, Paris: PUF, 1985, pp. 79~81.

"Sur quatre formules poétiques qui pourrait résumer la philosophie kantienne", *Philosophie* n° 9, 1986, pp. 29~34.

들뢰즈에 대한 주요 연구서 및 논문

Alliez, E., *La signature du monde ou Qu'est-ce que la philosophie de Deleuze et Guattari?*, Paris: Cerf, 1993.

Badiou, A., *Deleuze - La clameur de l'Etre*, Paris: Hachette, 1997.

Badiou, A., *Gilles Deleuze: Le pli - Leibniz et le baroque*, Paris: Minuit, 1988.

Buydens, M., *Sahara, l'esthétique de Gilles Deleuze*, Paris: Vrin, 1990.

Foucault, M., "Théatrum philosophicum", *Critique* n° 282, 1970, pp. 885~908.

Hardt, M., *Gilles Deleuze: An Apprenticeship in Philosophy*, Minneapolis: University of Minnesota Press, 1993.

Martin, J.-C., *Variation: la philosophie de Gilles Deleuze*, Paris: Payot & Rivage, 1993.

Mauzi, R., "Les complexes et les signes", *Critique*, 1966.

Mengue, P., *Gilles Deleuze ou le système du multiple*, Paris: Kimé, 1994.

Négri, A., "Sur mille plateaux", *Chimères* nº 17, automne 1992.

Zourabichvili, F., "Gilles Deleuze"*, revue philosophique*, janv.-mars, PUF, 1996, pp. 197~200.

Zourabichvili, F., *Deleuze. Une philosophie de l'événement*, Paris: PUF, 1994.

L'Arc nº 49, numéro spécial Deleuze, 1972(Les petites filles ou les aventures de la philosophie etc.).

Lendemains nº 53, spécial Deleuze, Hitzeroth, 1989.

Magazine Littéraire nº 257, septembre 1988, pp. 14~65(Gilles Deleuze, un philosophe nomade etc.).

Philosophie nº 47, numéro spécial Deleuze, Paris: Minuit, 1995(L'immanence: une vie... etc.).

베이컨 관련서

Bacon, Francis, *L'art de l'impossible, Entretiens avec David Sylvester*, Paris: Skira, 1976.

Cappock, Margarita, *Francis Bacon: l'atelier*, Bibliothèque des Arts Suisse, 2006.

Dagen, Philippe, *Francis Bacon,* Cercle d'art, coll. 'Repères contemporains', 1996.

Farson, Daniel, *Francis Bacon, aspect d'une vie*, Paris: Le promeneur, 1994.

Lebenztejn, Jean-Claude, *Francis Bacon: Notes sur Francis Bacon*, Paris: Éditions du Centre Pompidou, 1996.

Maïllis, Annie, *Michel Leiris, l'écrivain matador*, Paris: L'Harmattan, 2000.

Milon, Alain, *Bacon, l'effroyable viande*, Paris: Les Belles Lettres, coll. Encre marine, 2008.

Russel, John, *Francis Bacon*, Paris: Le Chêne, 1978.

Sabatier, Bruno, *Catalogue raisonné de l'œuvre graphique de Francis Bacon*, JSC Gallery, février 2012.

Sollers, Philippe, *Éloge de l'Infini*, Paris: Gallimard, 2001.

Sollers, Philippe, *La Guerre du goût*, Paris: Gallimard, 1994.

Sylvester, David, *Francis Bacon à nouveau*, traduction de Jean Frémon, Marseille: André Dimanche, 2006(édition originale anglaise, Thames & Hudson, 2000).

부록: 베이컨의 그림

그림 1 〈루시앙 프로이트 초상 연구 Study for Portrait of Lucian Freud [sideways]〉, 1971

그림 2 〈회화Painting〉, 1946

그림 3 〈벨라스케스의 교황 인노켄티우스 10세의 초상화 연구Study after Velazquez's Portrait of Pope Innocent X〉, 1953

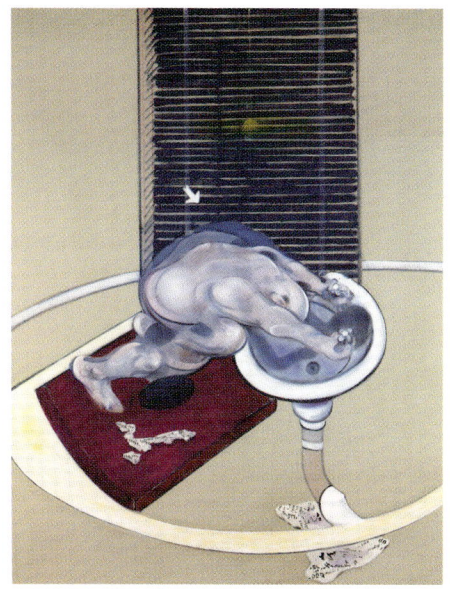

그림 4 〈세면대에서의 형상 Figure at a Washbasin〉, 1976

그림 5 〈남자와 어린아이 Man and Child〉, 1963

그림 7 〈삼면화Triptych〉, 1970

그림 6 〈증인들과 함께 침대에 누워 있는 두 형상
Two Figures Lying on a Bed with Attendants〉, 1968

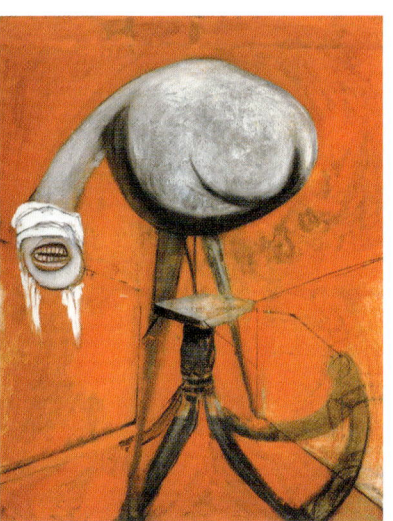

그림 9 〈삼면화Triptych〉, 1972. 8

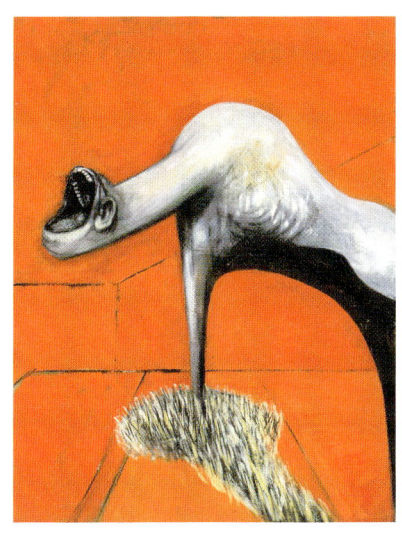

그림 8 〈십자가형을 기초로 한 형상들의 세 연구 Three Studies for Figures at the Base of a Crucifixion〉, 1944

부록: 베이컨의 그림 **263**

그림 10 〈이자벨 로스톤에 관한 연구Study of Isabel Rawsthorne〉, 1966

그림 11 〈모래 언덕Sand Dune〉, 1981